Das Werk erscheint in zwei Bänden:

Band 1: Psalm 1–75 · ISBN 3-88671-191-9
Band 2: Psalm 76–150 · ISBN 3-88671-209-5

Wolfgang Dietrich
Ein Psalter dieser Tage

Es ist ein Gesang in der Welt

Psalm 1 – 75
Mit Bildern von Max Hunziker

Eschbach

Autor und Verlag danken Frau Gertrud Hunziker-Fromm, Zürich,
für die freundliche Genehmigung zur Wiedergabe der Psalmbilder
von Max Hunziker.

Die Deutsche Bibliothek – CIP-Einheitsaufnahme

Dietrich, Wolfgang:
Es ist ein Gesang in der Welt: ein Psalter dieser Tage. Psalm 1-75 /
Wolfgang Dietrich. –
Eschbach: Verlag am Eschbach, 1999
ISBN 3-88671-191-9

Im Alten Rathaus/Hauptstr. 37
D-79427 Eschbach/Markgräflerland

Gestaltung: Susanna Stammbach, Basel
Reproduktionen: pensky repro GmbH, Karlsruhe
Satz: Der Uebel, Sulzburg
Druck: B&K Offsetdruck GmbH, Ottersweier
Verarbeitung: Großbuchbinderei Josef Spinner,
Ottersweier

Wolfgang Dietrich
Ein Psalter dieser Tage

Es ist ein Gesang in der Welt

Psalm 1–75
Mit Bildern von Max Hunziker

Eschbach

Autor und Verlag danken Frau Gertrud Hunziker-Fromm, Zürich, für die freundliche Genehmigung zur Wiedergabe der Psalmbilder von Max Hunziker.

Die Deutsche Bibliothek – CIP-Einheitsaufnahme

Dietrich, Wolfgang:
Es ist ein Gesang in der Welt: ein Psalter dieser Tage. Psalm 1-75 /
Wolfgang Dietrich. –
Eschbach: Verlag am Eschbach, 1999
ISBN 3-88671-191-9

Im Alten Rathaus/Hauptstr. 37
D-79427 Eschbach/Markgräflerland

Gestaltung: Susanna Stammbach, Basel
Reproduktionen: pensky repro GmbH, Karlsruhe
Satz: Der Uebel, Sulzburg
Druck: B&K Offsetdruck GmbH, Ottersweier
Verarbeitung: Großbuchbinderei Josef Spinner, Ottersweier

**Geh hin
zu einem Psalm
und sieh den
an.**

**Er ist
wie
ein Baum.
Er trägt
dir
Frucht.**

**Eine Frucht
fällt herab
auf die Erde,
und heraus
springt
ein Kern.**

**Den
nimm auf
und pflanz ihn
ein.**

**Und
sieh zu,
was
unter
deiner Hand
aus ihm
erwächst.**

Vorspruch

Im Psalm spricht Leben. Einst sprach es in biblischen Psalmen und wirkte weiter. Heute mag es auch in gegenwärtigen Psalmen sprechen. Der vorliegende Doppel-Band vesteht sich als ein Versuch solcher Art. Entsprechend der Zahl der biblischen Psalmen umfaßt Band 1 die Psalmen 1-75 und Band 2 die Psalmen 76-150. Der frühere Psalm und der heutige Psalm befinden sich in einer bestimmten Beziehung.

Aus je einem Wort eines jeden ursprünglichen Psalms – ich nenne es »Psalmkern« – ist ein neuer, gegenwärtiger Psalm erwachsen. Er nimmt durchgängig eine doppelte Form an: linksseitig erzählend und dem Essay angenähert, rechtsseitig rhythmisch und dem Gedicht angenähert. Ob mehr narrativ oder mehr expressiv: In beiden Spracharten schwingt Psalmengesang. Und beide geraten in ein Widerspiel und bringen das Motiv des Ursprungs in heutige Bewegung. So ist es für diesen »Psalter dieser Tage« zum entsprechenden Titel gekommen: »Es ist ein Gesang in der Welt«.

Das Haupt- oder Grundwort, das den Auslöser gab, eben der Psalmkern, findet sich durchgängig auf den linken Seiten oben links. Ihm entsprechen die durchlaufenden Psalmziffern. Beide Angaben gelten für den alternativen Psalm auf der rechten Seite mit. Linksseitig hat sich aus der mehr ausladenden Form jeweils eine Überschrift herauskristallisiert.

Der Psalmvers, aus dem der Psalmkern stammt, erscheint jeweils in Übersetzungsvarianten in kleiner Schrift, eingeleitet von der genauen Vers-Angabe. Wortlaute christlicher Übersetzer verbinden sich darin von Fall zu Fall mit Wortlauten des jüdischen Übersetzers Martin Buber. Vorangestellt wird als stetiger Anhalt die Übersetzung der Zürcher Bibel von 1931/1955. Zumeist auch in dieser Übersetzung ist der umgebende Ursprungsvers in den linksseitigen Text eingegangen. Er stellt das Bindeglied zwischen der einstigen Vorlage und dem gegenwärtigen Versuch dar und wird durch Anführungszeichen gekennzeichnet.

Hinzutreten Psalm-Bilder des Zürcher Künstlers Max Hunziker (1901-1976), verbunden mit eigenen, neuen Psalmversen des Verfassers. So ergeben sich visuell-verbale Zwischentöne durch das ganze Werk hindurch – ein Psalter im Psalter. Hunzikers »Grisaillen zum Psalter« (Weiß-Schwarz-Graumalereien) entstanden im Jahre 1965.

Dank schulde ich Martin Schmeisser für das engagierte Mitdenken in allen Phasen des Projekts wie auch den Mitwirkenden im Verlag am Eschbach und um ihn herum. Dank schulde ich Susanna Stammbach für die einfühlsame Gestaltung. Und Dank schulde ich Irmgard Dietrich, meiner Frau, als aufmerksam reagierender erster Hörerin. Schon daraus wird ersichtlich: Dieses Buch will nicht nur leise, sondern auch laut gelesen werden, es will vorgelesen werden. Empfindungsfähig will es machen und anregen zu einem sich öffnenden Leben.

Wolfgang Dietrich
Marburg/Lahn
im April 1999

Es ist ein Gesang
in der Welt.
Horcht doch!
Selbst die Sterne
lauschen herab.

Der Gesang
singt
zum Leben.
Er nimmt sich
Flügel
und fliegt
bis zum äußersten Ende
der Erde.

Da heben die Trostlosen
ihr Haupt.
Elende werden
heimisch.
Waisen tragen
königliche Kronen.
Und selbst aus verdorrten
Bäumen
weckt der Gesang
unverwelkliche Blätter.

Als die Entwurzelten
und wir wurzeln
uns ein.

Als die Verdorrenden
und wir treiben
das Blatt.

Als die Saftlosen
und wir bringen
die Frucht.

Als die Umherirrenden
und uns grüßt
der Stern.

Unverwelklich

Psalm 1

Den Text des Lebens buchstabieren

Wer ist glücklich? Wer Worte hat, aus denen er lebt. Wer einen Text des Lebens lebenslang buchstabiert. Wer Kunde vom Dasein einsaugt in sich, und seine Blätter sprießen. Er jubelt, daß sie ihm grünen. Er fürchtet nicht, daß sie ihm welken. Denn er weiß: Die strömende Kraft wird bleiben.

Psalmen sind Gesänge des Lebens. Sie erzählen, und es singt in ihnen. Sie schwingen wie ein Gedicht und singen darin ihr Lied. Oder sie sind wie Zweige, die Blätter treiben. Was wäre ich ohne Blätter? Wer Psalmen singt, begrünt sich mit Blättern.

»Und dessen Blätter verwelken nicht.« Weil der Gesang sich dem Ursprung öffnet. Er atmet von Gott. Nicht umsonst singt der erste aller Psalmen von Blättern. Nicht umsonst spricht das letzte aller biblischen Bücher von Blättern, denen nämlich des Lebensbaumes. Sie werden die Völker heilen. – Gewiß werden auch meine Blätter welken. Und dennoch sind sie unverwelklich. Sie leben im Widerspiel, im Paradox, das heißt: entgegen dem Anschein ganz anders. Das ist eine Grundmelodie der Bibel wie auch der Sätze und Gesänge, in denen sie widerklingt.

O welke nicht!
Halte
das Blatt!
Das Blatt
ist dein Atem.
Sind wir nicht
alle
Verwandte des Blatts?
Kein Kehricht.
Noch im Herbst
leuchten
die Blätter.
Die Kraft
der Farben
zeichnet sich
in sie ein.
Dann
mögen sie fallen.
Sie fallen
und haben doch
schon
von den Knospen
geträumt.

Psalm 1,3b:
Und dessen Blätter nicht verwelken.
ZÜRICH

Sein Laub bleibt grün und frisch.
GUTE NACHRICHT

Und dessen Laub nicht welkt.
PATTLOCH

Völker

Psalm 2

Wider die Tobsucht der Völker

Wir schlagen die Zeitungen auf, und ihre Buchstaben sind blutig. Wir stellen die Tagesschau an, und die Frauen hören nicht auf zu trauern. Wir horchen am Radio: Nach letzten Meldungen ist der Waffenstillstand erneut gebrochen. »Warum toben die Völker?«

Jahrzehntelang lebten sie nebeneinander, miteinander, füreinander. Dann fielen sie übereinander her, als seien sie Feinde seit Kains Zeiten. Auf der Brücke von Sarajevo wurde ein serbisches Liebespaar erschossen. Kaum ist der Brand in Bosnien gelöscht, da flammt er auf im Kosovo nahe Albanien. Kaum wurde das Morden in Ruanda beendet, da hebt es neu an in Angola. Süd- und Mittelamerika wie auch das indonesische Asien erweisen sich als brodelnde Kontinente.

Was blicken wir auf andere Völker? War nicht unser eigenes Volk geschüttelt von Tobsucht? Hat es sich endlich ausgetobt? Sind diejenigen, die Feindschaften anheizen, noch immer oder schon wieder am Werk? Verbünden wir uns, die Tobsucht leer laufen zu lassen, so daß sie in sich zusammensackt. Freut euch an der Schönheit der Völker, aber macht sie niemals zu Götzen. Pole, o Gott, die Völker um und mache die Süchtigen des Krieges zu Beflissenen, zu Stiftern, zu Entwicklern des Friedens.

Ich flehe
zu Dir,
nicht zum Volk,
o Gott.
Doch warum
läßt Du
die Völker
toben?
Warum tobte
mein Volk
so fürchterlich?
Ich bete
zu Dir
gegen die Tobsucht,
gegen den letzten
tobenden Funken
auch in mir.
Wandle doch
all das dumpfe
Tosen in eine helle
Gewißheit
des Weges,
der weise ist.

Psalm 2,1a:
Warum toben die Völker?
ZÜRICH

Warum toben die Heiden?
LUTHER

Warum murren die Völker?
KRAUS

Warum sind die Völker in
Aufruhr?
ZÜRICH '96

Wozu tosen die Weltstämme?
BUBER

Haupt

Psalm 3

Glaube der Haupterhebung

Die Hauptsache ist das Haupt. Und die Hauptsache des Hauptes ist, daß es keine Sache ist. Im Haupt sammelt sich der Ausdruck des ganzen Menschen. – Wehe, der Mensch wird enthauptet. Aller Protest muß sich dagegen richten, daß Menschen enthauptet werden, daß ihnen das Selbstbewußtsein und die Selbstgewißheit genommen werden. Siehe die Niedergedrückten oder auch Depressiven. Immer sind sie auf der Suche nach dem ihnen geraubten oder verlorengegangenen Haupt.

Biblischer Glaube ist Glaube des Hauptgewinns und der Haupterhebung. Ungeduckt lebt der Glaubende. Freimütig steht er ein. Und wenn er schwach wird, bewegt ihn die flehende Gewißheit: »Du hebst mein Haupt empor.«

Welch ein freigeschwungenes Kunstwerk ist uns das Rückgrat! Und zum verheerendsten Eingriff wird es, wenn ich das Rückgrat verliere. Dann sackt das Haupt ab. »Rückgrat raus!« wurde ein ganzes Volk angeherrscht. Und sie – sehr viele, die meisten – gehorchten. Freimütiger Glaube verweigert solchen Gehorsam. – »Freimut« war ein Lieblingswort und ein Grundverhalten früher Christen wie auch vom Geist erfüllter Menschen in aller Welt. Der Freimut trägt sich voran. Ihm wird sein erhobenes Haupt umstrahlt.

Du hebst
mein Haupt
empor und
meinen Rücken
entkrümmst Du.
Du lachst,
wenn Du
meine Stirn
siehst.
Du willst
ein wahrlich
erhobenes Gegenüber,
Dir ins Gesicht.
Du hast Lust
an meinem Haupt,
daß es ein Haupt
sei.
Auch wenn ich
es nicht mehr
hochzuhalten vermag:
Du hebst es empor.

Psalm 3,4b:
Du hebst mein Haupt empor.
ZÜRICH

Du schaffst mir Recht.
GUTE NACHRICHT

Der mein Haupt aufrichtet.
LUTHER

Und was hochträgt mein
Haupt.
BUBER

Raum

Psalm 4

Charta der Raumgewährung

Ich brauche Raum. Ich will unbedrängt leben. Könnte doch jeder Mensch dieser Erde sagen: »Der du in Drangsal mir Raum geschafft.« Schöpferischer Raum sei es. Atembarer Raum sei es. Mitten in der Hektik: daß ich verweile. Mitten im Streß: daß ich innehalte. Und daß mir keiner nach dem lebensnotwendigen Platz trachtet. Denn gegenseitig sind wir uns Raumgewährer, Raumerwirker, Raumbeschaffer.

Überall hören wir Murren um Raum. Die große Sünde ist das Raumversagen. Wie konnte es geschehen, daß Ureinwohner in Bedrängnis gerieten und ihnen ihr Raum geraubt wurde: Aborigines in Australien, Indios in Amerika, Pygmäen in Afrika? Mühsam erheben sie ihre Stimme, und langsam werden sie gehört. Eine Landlosenbewegung kommt in Gang und verlangt nach unserer Unterstützung. Die Erde hat viele Wohnungen.

»Wieviel Raum braucht der Mensch?« fragt Leo Tolstoi in seiner Erzählung. Er sieht den Unersättlichen – es kann auch ein ganzes Volk sein – auf dem begierigen Weg, den gebotenen Kaufpreis einzulösen. »Wieviel Land du an einem Tag umgehen kannst, soviel gehört dir«, sagen die Landanbieter zu ihm. Gegen Ende des Weges sagt er zu sich: »O weh! Ich habe zuviel begehrt und hab' dadurch alles verdorben.« Was ihm bleibt, ist das Grab. – Inzwischen wird bekannt: In riesenhaften Städten sei kaum mehr für Gräber Raum.

Wo er wohnt,
das ist wie
ein Sarg.
Steh auf!
Entsteige
dem Sarg!
Wenn ich das
sagen könnte!
Lazarus reiht sich
an Lazarus und
wartet auf
Auferweckung.
Der Du
die Räume
öffnest:
Gib ihnen Raum,
die nicht haben,
wo sie den Fuß
hinsetzen.
Großräumig
hast Du die Erde
erschaffen.
Unseren täglichen
Raum
gib uns heute.

Psalm 4,2b:
Der du in Drangsal mir
Raum geschafft.
ZÜRICH

In der Bedrängnis hast du
mir Raum geschaffen.
ZÜRICH '96

Du hast mir Raum
geschaffen, als mir angst war.
EINHEIT

In der Enge weitetest du
mich.
BUBER

Jubeln

Psalm 5

Der Laut der blanken Freude

Als ich dich wiedersah, jubelte ich. Als mir der Schritt gelang, jubelte ich. Als die Sonne aufging, jubelte ich. Wann ist uns Jubel vergönnt? »Laß sie jubeln immerdar.« Als sei ein Dauerjubel möglich. Wo Vertrauen zu Hause ist, kehrt Jubel ein. Aber auch ohne sichtbaren Anlaß: Plötzlich kommen Jubel und Jauchzen auf – mit umwerfender Wucht.

Jubel ist ein Überschwang des Herzens. Jubel ist der Laut der blanken Freude. Jubel läßt sich keineswegs beirren. Denn er will mein eigener sein. Er ist unverführbar. Er widersteht dem Sog der Masse und ist taub den brutalen Parolen. Gewiß hat er seine lauten Gebärden und er geht aus sich heraus. Aber er singt auch in sich hinein und quillt in der Stille. Geburt zum Jubel, das ist der Sinn.

Jubel geschieht im Allerkleinsten. Sieh hin auf die Kinder, die Bambini, die man die Unmündigen nennt: Lehrmeister seien sie uns im Jauchzen. Und Jubel geschieht auch im Großen. Die Bilder vom Jubel der Befreiung nach dem Krieg in Paris gingen um die Welt. Mit eigenen Augen sah ich die Woge des Jubels auf der Jaffa-Street in Jerusalem: Israelis feierten das Jubiläum ihrer Unabhängigkeit. Unter den Jüngeren tanzte ein sehr altes Paar. Und mögen in Zukunft die niedergedrückten Völker aufjubeln, wenn sie endlich entschuldet werden. Die Erde sei uns ein jubelnder Planet.

Mein Totes
bricht auf:
Ich juble!
Habe ich denn
noch niemals gemerkt,
daß ich
im Jubel
erst lebe?
Wir leben so furchtbar
gemessen dahin.
Da ist kein Funke
von Jubel.
Entzünde doch,
mein Gott,
den in mir verlorenen
Funken!
Gleich
jubelt er auf.
Gleich
erleuchtet er mir
das Gesicht.
Gleich
preist er Dich,
daß Du ihn
endlich
erweckt hast.

Psalm 5,12b:
Laß sie jubeln immerdar.
ZÜRICH

Und sollen immerfort jubeln.
EINHEIT

Ewiglich laß sie rühmen.
LUTHER

Ihr Jubel soll kein Ende haben.
GUTE NACHRICHT

Weinen

Psalm 6

Tränen der Dinge

Als ob ich nicht weinen dürfte. Als solle mir nie die Bitternis aus den Augen quellen. Aber »die ganze Nacht tränke ich mein Bett, feuchte mein Lager mit Tränen«. – Tränen der Dinge gibt es, hat ein tief Empfindender gesagt. (Es war der antike Dichter Vergil.) Wir leben in einer weinenden Welt. Wehe, wir könnten nicht mehr weinen! Wir wären verdorrt und verarmt.

Aber »Er hat mein lautes Weinen gehört«. Das laute Weinen entlastet. Im Weinen selbst kommt es zum Trost. – Reimt sich Weinen auf Jubeln? Wir sind doch kein Rechenexempel. Wehe, wir schaffen ein Leid, das keine Tränen mehr kennt.

Ich glaube an die Quelle, der auch die Tränen entfließen. Wir leben wider die Wüste. Sei männlich und weine. Das Hartgewordene wird aufgeweicht. Die Erbarmungslosigkeiten müssen mit Tränen gefeuchtet und getränkt werden. Die Hölle, das ist: Ich habe das Weinen verlernt. – Im Weinen ist auch ein Himmel. »Er hat mein lautes Weinen gehört.« Zum Lernen des Lebens gehört es, die Weinfähigkeit offen zu halten. Der Weisheit des Daseins ist eigen, die Hörfähigkeit zu stärken.

Die Dinge
weinen.
Das Land
hüllt sich
in Trauer.
Die Steine
vergießen
Tränen.

Wische
den Steinen
die Tränen ab.
Erheitere
das Land.
Mache
den Dingen
Lust zu sich selbst.

Hat sich die Erde
leer
geweint?
Dann laß sie
überströmen
von Freude.
Siehe, die Weinenden
lachen
vor lauter Tränen.

Psalm 6,9b:
Denn der Herr hat mein
lautes Weinen gehört.
ZÜRICH

Denn der Herr hört mein
Weinen.
LUTHER

Denn gehört hat ER die
Stimme meines Weinens.
BUBER

Denn Jahwe hat gehört
mein Weinen.
KRAUS

Trug

Psalm 7

Inmitten von Maskierungen

Nichts ist verläßlich. Alles wackelt und wankt. Und solide Gediegenheit scheint Mangelware zu sein. Der Boden ist glitschig. Die Luft ist vergiftet. Das Wasser stinkt. »Der Feind geht mit Unheil schwanger, und Trug wird er gebären.« – Der Feind flaniert im grauen Flanell. Er leitet Chemikalien ein und kippt unschuldiges Wasser. Er saugt Profit aus Billiglohnländern. Er klimpert mit Kinderfingern. Der Feind maskiert sich als harmloser Nachbar. Er hat arglose Mädchen gelockt. Nach den Leichen gräbt man im Garten.

Die Werbung übertrumpft sich mit Trug, klagt der Händler, mit Zeug, das heute begehrt wird, und morgen ist es Schrott. »Zwanzig Mark werden kassiert. Fünf Mark mag es wert sein. Und am Tage darauf bringt der Kunde den Bettel zurück.« Der Kunde ist auch schlecht zu sprechen auf Manager der Computerbranche. »Meine ganze Digitalanlage ist im Eimer, weil über Nacht das System umgestellt wurde. Das hat mich Tausende gekostet.«

Und wenn der Leukämie-Befall zumal bei Kindern in der Nähe von Kernkraftwerken sich häuft, und es werden hier wie anderswo die Emissionen von Schadstoff heruntergespielt? Der Trug kleidet sich auch in das Gewand von Interessen. Wie ist das Gutachten vom »Schlechtachten« zu unterscheiden, und wie gewinnen die Laien Einblick?

Die Zeitung:
durchwuchert
von Trug.
Das Radio:
verplärrt
von Lärm.
Das Fernsehen:
raffiniert
retuschiert.

Gib mir
ein weißes Blatt,
und ich schreibe
ein einziges
wahrhaftes Wort.

Gib mir
eine unbescholtene Saite,
und ich erzeuge
einen einzigen
klaren Klang.

Gib mir
einen silbernen Stift,
und ich hebe
ein einziges
wirkliches Bild
ins Licht.

Psalm 7,15b:
Er geht mit Unheil schwanger, und Trug wird er gebären.
ZÜRICH

Er geht schwanger mit Unheil, und Tücke gebiert er.
EINHEIT

Mit Unglück ist er schwanger und wird Lüge gebären.
LUTHER

Mit Pein geht er schwanger, aber Täuschung gebiert er.
BUBER

Tiere

Psalm 8

Mit uns die Mitkreatur

Denke nicht, Mensch, du seist allein. Gedenke der Tiere! »Der Tiere des Landes, ... des Himmels, ... des Meeres.« Was wärst du ohne die Tiere? Dürr und dürftig stündest du da. – Aber jetzt führst du die roten Listen, rottest deine Schutzbefohlenen aus und bringst durch deine Art, wie du lebst, die Artenvielfalt zu Tode.

Siehe den herrlichen Kranz der Tiere über dem Erdkreis: die Wolken der Vögel, die Schwärme der Fische, die Herden der äsenden Tiere des Landes. Alle sind sie dir Mitgeschöpfe. – Lerne doch die Namen der Schmetterlinge und merke, was du an ihnen hast und welche beschwingende Leichtigkeit sie dir ins Leben bringen: das Tagpfauenauge und der kleine Fuchs, der Zitronenfalter und das Landkärtchen, der Bläuling und der Kaisermantel, die Goldene Acht und der Schwalbenschwanz und wie sie alle heißen.

Doch viele, allzu viele Namen und Namensträger hast du schon von der Liste gelöscht. Aus dem Munde der künftigen Kinder kommen die Klagen. Wo sie doch zittern vor Lust, zu singen und zu rühmen und zu jubeln über all die ihnen nahen Gesichter und Gestalten, die neben den Menschen leben.

Denen ich
in die Augen
schaue.

Denen ich
das Wort
schulde.

Die sich wenden
und vor mir
flüchten.

Die sich zu mir
kehren, als
fragten sie mich.

Die Fremden.
Die Nahen.
Die Tiere.

Psalm 8, 8b.9a:
Dazu auch die Tiere des Feldes, die Vögel des Himmels, die Fische im Meer.
ZÜRICH

Dazu auch die wilden Tiere, …
LUTHER

Das Wild und die Vögel, …
GUTE NACHRICHT

Und auch das Getier des Feldes, den Vogel des Himmels und die Fische des Meeres.
BUBER

Elende

Psalm 9

Gesang zur Wende des Elends

Elende schreien. Oder sie bleiben stumm. Ganze Massen verelenden. Kommt eine Wende in Sicht? »Denn er ... hat nicht vergessen das Geschrei der Elenden.« – Was ist ein Psalm? Ein Gesang zur Wende des Elends! Ein Gesang, der Kraft hat, das Elend zu wenden? Energien dafür setze er frei. Ideen wecke er auf. Er singe an gegen um sich greifende Vergeßlichkeit. »Denn er ... hat nicht vergessen das Geschrei der Elenden.«

Elende sind ja nicht Elende nach dem Geschick ihrer Bestimmung. Elende sind Verelendete. Andere haben sie ins Elend hinabgestoßen. Andere haben die Chance, sie aus dem Elend heraufzuholen. Eine Bewegung des Widerstands ist geboten gegen den Sog der Verelendung. Denn sie vergessen nicht das Geschrei der Verelendeten und ihre stumme Not.

Womit beginnt die Bibel? Die Bibel beginnt mit dem Geschrei von Elenden. Diese Elenden waren Israeliten in Ägypten. Im Reich des Pharao wurden sie als Gastarbeiter wie Zwangsarbeiter gehalten. »Die Israeliten aber seufzten ob der Sklaverei und schrien, und ihr Wehgeschrei ob der Sklaverei drang empor zu Gott« (2. Mose 2,23). »Und Gott erhörte ihr Wehklagen«, und alles Weitere führte auf den Weg der Befreiung. Diese Befreiung der Elenden aber wurde zum Grunddatum biblischer Geschichte. – Ein Elend ist es, daß Zwangsarbeiter, die im Krieg von deutschen Firmen und vom deutschen Staat als Sklaven gehalten wurden, vergessen wurden und bis auf den heutigen Tag auf Entschädigung warten.

Fang an,
das Leben
zu buchstabieren.

Buchstabiere,
wohin ein Mensch
gelangt.

Gelange hin,
woher das Geschrei
dringt.

Dringe durch,
wo der Schreiende
harrt.

Harre aus
bei dem, den die Welt
vergißt.

Vergiß nicht
die Verdammten
im Schacht.

Im Schacht
decke das Elend
auf.

Psalm 9,13b:
Hat nicht vergessen des
Geschreis der Elenden.
ZÜRICH

Hat nicht vergessen den
Notschrei der Gebeugten.
ZÜRICH '96

Er vergißt nicht des Schreiens
der Armen.
LUTHER

Er vergißt nicht die Qual der
Verfolgten.
GUTE NACHRICHT

Waise

Psalm 10

Gebet zum Helfer der Waisen

Wenn meine Mutter, die mich zum Leben brachte, ums Leben kam – womöglich bei meiner Geburt, und wenn mein Vater frühzeitig starb, dann bin ich Waise. – Alle die Mutter- und Vaterlosen auf dieser Welt, unzählige sind es in dieser Zeit. Herumgereicht werden sie oder auch herumgestoßen. Vernachlässigt werden sie oder gar mißbraucht. Denn der schwächste Punkt der Gesellschaft, das sind die Waisen. Bei ihnen greifen die Schändlichen an – mit Pranken, mit Tatzen, mit falschem Garn. Und sogar leibliche Eltern haben die eigenen Kinder zu Waisen gemacht. Kann eine Not so groß sein?

Kuriert also nicht nur Symptome. Greift bis zur Wurzel durch. Zum Beispiel: daß auf dem Land auch den Verarmten ein eigenes Ein- und Auskommen wächst. Dann werden die Waisen nicht in die Stadt verdrängt. Dann fallen sie nicht in die Hände der Häscher. Dann lernen sie, auf eigenen Füßen zu stehen und werden nicht prostituiert. Das ist ein Gottesgebot.

Denn wer ist Gott? »Ein Helfer bist du der Waise«, lautet die überraschende Antwort. Wenn aber nichts von diesem Helfer zu sehen ist? Dann treten die Stellvertreter an seine Stelle. Den Platz hat er ihnen angewiesen, deutlich und genau: An meiner Stelle werdet zu Helfern der Waisen. Denn sie sind dem Ganzen der Dreh- und der Angelpunkt.

Verlassen
sind viele.
Verlassener
als
die Verlassenen
ist das verlassene
Kind.
Dies ist
die Waise.
Gott,
zähle
die Waisen.
Gott,
rette
die Waisen.
Gott,
schicke
den Waisen
Mütter und
Väter
an ihrer
Eltern
statt.
Wehe,
es geht
von ihnen
auch nur
eines
verloren.

Psalm 10,14c:
Ein Helfer bist du der Waise.
ZÜRICH

Du bist den Verwaisten ein Helfer.
EINHEIT

Du bist doch der Helfer der Waisen.
BRUNS

Bestehe ich
aus
Licht?

Bestehe ich
aus
Finsternis?

Soll ich
die Schwärze
in mir
leugnen?

Aber daß das
Licht
über ihr
aufgeht!

Steh auf!
Erhebe dein
Angesicht!
Werde licht!

Wird dein Auge
licht,
lichtet sich
dein ganzer Leib.

**Wer sagt denn,
daß der Schwarze
nicht licht sei?**

**Wieso verbirgt sich
im Weißen
nicht Finsternis?**

**»Gott ist schwarz!«
»Schwarz ist schön!«**

**Die Schwarz-Afrikaner
Amerikas
schrien dies
aus ihrer Finsternis,
in die sie
die Weiß-Europäer
Amerikas
hinein
unterdrückt hatten.**

Wimpern

Psalm 11

Eine übersehene Signatur

»Seine Wimpern prüfen die Menschenkinder«. – Wieso Wimpern? Wieso nicht Wimpern? Im Psalmengesang wird in großer Freiheit von Gott menschlich geredet. Die ganze Schöpfung wird zur Signatur seines Wirkens. Und nicht zuletzt durch die Züge des Menschen, den Er voller Hinneigung geschaffen hat, gibt Er sich kund. Da wird kein Organ, auch nicht das kleinste und geringste, das gar verächtlich erscheint, ausgelassen. Auch die Wimpern der Augen sind Zeugnisse des Schöpfers.

Wimpern scheinen ein Zitterndes über den Augen zu sein. Rasch schlagen die Wimpern. Du kannst ihre Bewegung kaum mit den Augen verfolgen – weder von außen her noch von innen. Einen feinhaarigen Saum bilden die Wimpern vor den Augenlidern als ihnen angewachsener Fortsatz. Als falle ihnen auch die Aufgabe zu, die Kostbarkeit des Augapfels abzuschirmen. Außerdem sind sie einfach ein Schmuck über den Augen, eine sichtliche Augenzierde.

Kühn und gewagt mag es dann scheinen, wenn der Psalmist von »Seinen Wimpern« spricht. Als sei damit auf das Geschwinde des Blickes gedeutet, auf das Durchdringende auch. Als sei da ein leiser Schleier und ein Gewebe, das sich bewegt. Dahinter birgt sich ein Blick, der auch Masken entlarvt.

Daß nur ein Wimpernschlag
genügt,
und ich bin im Ziel
oder nicht.

Daß die Wimpern
ein Schutz der Augen sind
und ein Schirm
des Gesichts.

Daß Wimpern, die fehlen,
einem Kahlschlag
im Angesicht gleichen,
einer Verkümmerung der Augenweide.

Daß hinter Wimpern
der Blick sich verbirgt,
der forschend mustert
und zum Gelingen prüft.

Daß Wimpern behandelt werden,
als lodere in ihnen ein Feuerbrand
oder als beschwere sie
eine große Verschattung.

Daß Wimpern, so zart sie sind,
zum Gut der Schöpfung gehören,
und selbst der Schöpfer prüft
seine Geschöpfe durch seine Wimpern.

Psalm 11,4c:
Seine Wimpern prüfen die Menschenkinder.
ZÜRICH

Seine Blicke prüfen die Menschen.
EINHEIT

Seine Augenlider prüfen die Menschenkinder.
LUTHER

Seine Wimpern prüfen die Adamskinder.
BUBER

Lauter

Psalm 12

Von siebenfacher Läuterung

Lauteres Wasser entquillt und entsprudelt. Aber die Fische treiben kieloben. Lautere Luft ist über die Erde gehaucht. Aber die Vögel stürzen mit schwarzen Lungen. Lauterer Boden bietet die Basis der Nahrung. Aber die Krume hat sich gefährlich verfärbt. Lautere Herzen sind den menschlichen Wesen eingeschaffen. Aber der Sinn irrt durch Verfinsterungen.

Alle Menschen, alle Geschöpfe, die ganze Erde sehnen sich nach Lauterkeit, nach siebenfältiger Lauterkeit. »Seine Reden sind lautere Reden, sind Silber, im Tiegel zu Boden geschmolzen, siebenfach geläutert.« Einer siebenfachen Läuterung will die Existenz ausgesetzt sein, damit das Chaos zum Kosmos wird. Denn was ist das Leben im günstigen Fall? Ein Weg der Läuterung.

Wir sind unterwegs, damit sich etwas herauskristallisiere. Wir sind gespannt, als ließe sich aus einem Klumpen Schmutz ein goldenes Korn gewinnen. Wir kriechen unter den Tisch, als fänden wir dort einen Augenblick ungetrübten Glücks. Auf dem Buchmarkt von Jerusalem fand ich ein stockfleckiges Buch aus dem Jahr 1904. Abgebildet war darin ein alter chassidischer Frommer aus Osteuropa. Er hatte einen Glasscherben vom Boden aufgehoben und hielt ihn gegen die Sonne. Der Strahl brach sich darin und malte einen Farbenbogen. Das ganze All schien vor die Füße gespiegelt. So stoßen wir mitten im Alltag auf Spuren lauteren Lichts.

Hoch
ins Gebirge
will ich steigen.
Mich verlangt
nach lauterer
Luft.

Weit
bis zum Meer
will ich wandern.
Mein Gang führt
zum lauteren
Sand.

Dicht
hin am Gras
will ich tasten.
Ich streife
über lauteren
Tau.

Tief
in die Schrift
will ich dringen.
Ich forsche
nach dem lauteren
Wort.

Psalm 12,7:
Die Reden des Herrn sind lautere Reden, sind Silber, im Tiegel zu Boden geschmolzen, siebenfach geläutert.
ZÜRICH

Die Worte des Herrn sind lautere Worte, Silber, geschmolzen im Ofen, von Schlacken geschieden, geläutert siebenfach.
EINHEIT

Sprüche von IHM, reine Sprüche sind sie. Silber, ausgeschmolzen im Schüttofen zur Erde, geseigert siebenfach.
BUBER

Hell

Psalm 13

Auflichtungen sind möglich

Sobald du singst, werden deine Augen hell. Sobald du lobst – Gott lobst –, lichtet sich dein Gesicht. Sobald dich Freude durchdringt und du »frohlockst«, erwachst du ins Leben. »Mache hell meine Augen, daß ich nicht zum Tode entschlafe.«

Die Seele strahlt über in den Körper. Die Erfahrung des Geistes ergreift auch den Leib. Die Augen sind Brennpunkte für Leib und Geist, für Geist und Leib zugleich. »Wenn dein Auge licht ist, wird sich dein Leib erleuchten«, antwortet die Bergpredigt Jesu auf den Psalm Davids.

Wer blind ist, sieht wohl von innen. Er sieht oder hört oder vernimmt mit seinem ganzen Sein – manchmal womöglich sensibler und feiner empfindend als mancher Sehende. So jedenfalls hörte ich es verschiedentlich sagen. Und Jesus war es offenbar um die Helligkeit des Sehens, um das Feingespür des Wahrnehmens zu tun – bei dem, was man seine Heilungen nannte. Wie denn der Sinn des Psalmgesangs darin besteht, die Augen und alle Organe des Wahrnehmens hell, durchsichtig und durchlässig, transparent zu machen für die Regungen des Lebens. Da sind viele Weisen, Anteil zu gewinnen am großen Farbenbogen.

Es war eine Helligkeit
um ihn,
und er hatte ein lichtes
Gesicht.
So hatte ein Verbannter
den letzten Menschen
in seiner Erinnerung,
der ihn bis zum Schiff
begleitet hatte.
Es war dies ein Priester
der russischen Kirche.
Schicke uns
Lichtgestalten,
daß es hell wird um uns,
auch wenn wir
im Dunkeln gehen.
»Träger des Lichts«
wurden die frühen
Christen genannt.
Gestalten der Helligkeit
waren sie offenbar.
Vielleicht
folgen die späten
Christen ihnen nach.

Psalm 13,4b
Mache hell meine Augen, daß ich nicht zum Tode entschlafe.
ZÜRICH

Erleuchte meine Augen, damit ich nicht entschlafe und sterbe.
EINHEIT

Gib Licht meinen Augen, daß ich im Tod nicht entschlafe.
JERUSALEM

Mach es wieder hell vor meinen Augen, daß ich nicht in Todesnacht versinke.
GUTE NACHRICHT

Verstand

Psalm 14

Vom Verstand zur Vernunft

Herrscht Unverstand in unserem Volk? Hat die Menschheit den Kopf verloren? Wir sitzen doch alle auf einem Floß! Wie kann man dann – und gar noch lachend – die Planken zu Brennholz zerhacken, die uns tragen?

Wo doch die Unwetter auf der Erde eskalieren. Wie kann man dann hemmungslos den Treibhauseffekt schüren? – Wo doch das Ozonloch schonungslos wächst, als sei es ein unaufhaltsames Schicksal. Wie kann man dann die Superchemie der Selbstzerstörung ungerührt kultivieren? – Wo doch die stolz geförderte Hochstrom- und Energieproduktion dem Verkehrsinfarkt und dem Klimakollaps deutlich entgegentreibt. Wie kann man dann schamlos von Tag zu Tag das weitere Wachstum einer dem Erdhaushalt feindlichen Verkehrsindustrie propagieren? – Und milliardenfach wird die Hand ohne ein Zittern an das längst übersteuerte Steuer gelegt.

»Haben denn keinen Verstand die Übeltäter, die mein Volk verzehren?« Haben denn keinen Verstand die Frevler, die uns die Atmosphäre – die atembare Feinschicht der Erde und allen Lebens – gnadenlos zerstören? Kommt denn der enthemmte Verstand nicht endlich zur Vernunft?

Wir haben uns
um den Verstand
gebracht
und wir suchen
unsere Vernunft.
Himmel,
laß Hirne regnen,
daß wir die Erde
nicht zugrunde
richten.
Alles kann
der Verstand.
Nicht alles
darf er.
Die Vernunft
muß ihm
in die Arme fallen.
Die Vernunft
muß den Verstand
anspannen
wie der Bauer
den Ochsen
vor den Pflug.
Nun zieh die Furche
und sieh zu,
daß Gespann
für Gespann
vernünftige Frucht
bringt.

Psalm 14, 4a:
Haben denn keinen Verstand die Übeltäter, die mein Volk verzehren?
ZÜRICH

Haben denn all die Übeltäter keine Einsicht? Sie verschlingen mein Volk.
EINHEIT

Wo bleibt der Verstand dieser Unheilsstifter? Sie fressen mein Volk.
GUTE NACHRICHT

Haben sie's nicht erkannt, die Argwirkenden alle, die verzehren mein Volk?
BUBER

Gast

Psalm 15

Alle sind wir Gäste

Nicht nur die Gastarbeiter, die sogenannten: Alle sind wir Gäste – im günstigen Falle. »Du, wer darf Gast sein in deinem Zelte?« – Ein Zelt ist auf Abriß gespannt. Es dient als vorübergehender Unterschlupf. Nicht taugt es zum Verankern auf ewig.

Nehmen wir also Schritt für Schritt unseren maßlosen Anspruch zurück. Denn wer will sich hier »alteingesessen« nennen? Wer will »Besitztitel« geltend machen? Wer will leugnen, daß wir alles, was wir haben, nur zu Lehen haben? Es ist entliehenes Gut, an dem wir gastweise teilhaben. Und Gerechtigkeit ist endlich zu üben im Verteilen, im Umverteilen, im Neuverteilen all des Entliehenen – denen zugute, die entbehren und draußen stehen und nirgends geduldet werden als Anteil nehmende Gäste. Da wird Loslassen zum Gewinn.

Ein Zelt ist verletzlich. Wer sich ungebärdig benimmt – und damit sind alle gemeint –, zerstört die allen gemeinsame Lebenshülle. Zur Einlaß- und Verweilbedingung für Gäste – und niemand ist mehr als ein Gast – wird täglich deutlicher die achtsame Hand, der sorgliche Blick, der sanfte Umgang mit dem Zelt. – Vor dem Laden des täglichen Einkaufs erzählt mir ein Bekannter von seinem Besitz aus der früheren Zeit. Nicht als Fordernder sei er aufgetreten. Mit dem Jetzt-Besitzenden habe er eine beide Seiten beteiligende Vereinbarung getroffen, auf der Basis von zugestandenem Gastrecht. – Wir sind Gäste, das ist wahr.

Zu Gast
bin ich.
Wie gastlich
wurde ich aufgenommen.
Es ist eine Lust,
bei euch zu Gast zu sein.
Abraham hatte
Engel zu Gast.
Alle Menschen
nach Abraham
können vermuten,
daß in ihren Gästen
Engel
verborgen sind.
Als ich aus dem Kriege
zurückkam,
sehr jung noch, aber
völlig zerrissen,
wurde ich Gast
bei einem alten und
völlig überraschten
Ehepaar,
das niemals
ein eigenes Kind
weder hatte noch kannte.
Das war der Anker
des anderen Anfangs,
daß ich ein Gast war.

Psalm 15,1a:
Herr, wer darf Gast sein in deinem Zelte?
ZÜRICH

Herr, wer darf wohnen in deiner Hütte?
LUTHER

Herr, wer darf deinen Tempel betreten?
GUTE NACHRICHT

DU, wer darf gasten in deinem Zelt?
BUBER

Pfad

Psalm 16

Geographie der Pfade des Lebens

Da ziehen sich breite Straßen. Ganze Rollbahnen sind asphaltiert. Doch irgendwo schlängelt sich ein Pfad. »Du weisest mir den Pfad des Lebens.« – Ich liebe den Mäander. Der Umweg brachte voran. Doch grausam und uneinholbar zurück warf der Irrweg. Geführt wurde ich, wohin ich nicht wollte. So viele Tode sah ich neben mir. So viele Leben tauchten vor mir auf. Jetzt wird mir alles zum Überschuß. Da lagen die tiefe Niederdrückung und die überschäumende Freude dicht beieinander bei der nie zu erhoffenden Rückkehr.

Einst pries mein Vater meine fast wunderbare Bewahrung. Ich versank in den Boden vor Scham. Wie kann ich bestehen vor allen, die neben mir fielen? Und was gar sage ich all den Geschundenen, all den Gepeinigten, all den unschuldig in den Tod Geängstigten und Schockierten? Wo sind ihre Pfade des Lebens?

Die Schritte, die mir vergönnt wurden, sind Schritte, die ich nie verdient habe. Wir brauchen eine neue Geographie der Pfade des Lebens. Wie von Gott her eine Allversöhnung zu erbitten ist, so von den Menschen her eine Allvergönnung der Lebenspfade an alle. Ein Mitleiden, eine Mitleidenschaft mag erwachen an allen von uns unbegangenen Pfaden, die vom Anfang her zum Leben gewiesen sind. Wir müssen uns unsere Pfade gewähren.

Nicht
die breite
Straße.
Nicht
die rollende
Bahn.
Nicht
der glatte
Asphalt.
Sondern
der schmale
Pfad.

Die breiten
Straßen
sind vorgewalzt.
Der Pfad
läßt
entdecken.
Er ist nur
einzeln
begehbar.
Mein eigener
Fuß verantwortet
jeden Schritt.

Psalm 16, 11a:
Du weisest mir den Pfad des Lebens.
ZÜRICH

Du zeigst mir den Weg des Lebens.
ZÜRICH '96

Du zeigst mir den Pfad zum Leben.
EINHEIT

Du tust mir kund den Weg zum Leben.
LUTHER

DU lehrst mich kennen den Pfad des Lebens.
BUBER

Stern

Psalm 17

Behütung verletzbarer Sterne

Ein jeder Mensch ist ein Stern. Und jeder Mensch ist ein Stern im Auge. Und jeder Mensch ist ein Stern im Auge Gottes. »Behüte mich wie den Stern im Auge.« – Von der notwendigen, nein: von der erflehten Behütung ist auszusagen. Von der Angst ist mitzuteilen, daß der Stern verlöscht. – Ein ganzes Firmament bricht ein, wenn der Stern im Auge eines Menschen untergeht.

Wenn mich ein Mensch ansieht, ist das eine Sternenbegegnung. Mein Angesicht sättigt sich daran, daß ich den Stern im Auge eines Menschen aufgehen sehe. Die Menschen wurden geschaffen, sich gegenseitig ihre Sterne zu hüten. – Der Stern im Auge meines anderen Menschen mag Myriaden Lichtjahre entfernt sein. Dennoch kommt er mir ungeheuer nah. Der Nächste ist das Gestirn neben mir.

Das Auge ist ein überaus weiches Organ. Wie vermag es einen Stern in sich zu halten? Alle Apparate sind ohnmächtig, diesen Stern zu fixieren. Ich gehe in keiner Kartei, in keiner Statistik, in keinerlei organisiertem Zugriff auf. »Behüte mich wie den Stern im Auge.«

Und was
wird der Mensch
der Zukunft
sein?
Er wird
Hüter sein.
Hüter wird er sein
seiner Schwester
und seines Bruders,
als seien sie
Sterne
in seinem Auge.
Hüter wird er sein
seiner Mitgeschöpfe
auf dem Land,
in der Luft und im Meer,
als seien sie Sterne
in seinem Auge.
Hüter wird er sein
der ganzen
Erde,
als gehe ihr Stern
in seinem Auge auf.
Eine gestirnte
Erde
wird sie ihm sein,
und alle
ihre Sterne
wird er behüten.

Psalm 17,8a:
Behüte mich wie den Stern
im Auge.
ZÜRICH

Behüte mich wie den
Augapfel, den Stern des
Auges.
EINHEIT

Behüte mich wie einen
Augapfel im Auge.
LUTHER

Bewahre mich, wie man sein
eigenes Auge schützt.
GUTE NACHRICHT

Behüte mich wie das Püzzlein
im Augapfel.
BUBER

Mauern

Psalm 18

Wider die Vermauerungen

Längst ist die Mauer gefallen. In den Köpfen daure sie fort, stünde sie gar wieder auf. So wird gelegentlich geredet. »Mit meinem Gott überspringe ich Mauern.«

Wenn du dir nur nicht den Fuß verstauchst! Die Bedenken schwächen den Anlauf. Aber was soll ich diesseits der Mauern? – Zeige dich sprunggewaltig! Setz dir zum Ziel, einmal im Leben eine Mauer zu überspringen. Jede Mauer erhält Sprünge, bis sie über und über mit Sprüngen durchsetzt ist. Dann zerfällt sie. Den Steinen in der Mauer wird es selber zum Reiz, in sich zu springen, ja zu zerspringen. Das Leben will nicht vermauert sein. Je öfter eine Mauer übersprungen wird, umso mehr hört sie auf, Mauer zu sein.

Und dann noch dies: ein Mauern überspringender Gott. Die Unduldsamkeit Gottes bezieht sich auf Mauern. Das Gebot – die Weisung – der Nächstenliebe meint die entschiedene und intensive und beharrliche Durchdringung von Mauern. Die Offenbarung, das ist: der Mauerfall zwischen Gott und Mensch. – Alle, die eine Mauer übersprungen haben, springen und tanzen vor Freude. Der Mauersprung ist ein Sprung in die Freiheit. Und Gott ist dabei behilflich. Der biblische Gott ist ein zum Sprung in die Freiheit verhelfender Gott. Im Sprung in die Freiheit selbst ist Er gegenwärtig.

Mit Ziegelsteinen
begann es.
Und dann
wurden Mauern
gebaut.
Viele Mauern
wurden von Sklaven
erbaut,
um Menschen
als Sklaven zu halten.

Übe dich
im Überspringen
von Mauern!
Die Israeliten
ließen die Ziegelsteine
hinter sich.
Was für ein
Gott!

Fahre ich
nach Berlin,
fahre ich
nach Moskau,
fahre ich
nach Jerusalem:
überall
üben sich Menschen
im Überspringen
von Mauern.

Psalm 18,30b:
Mit meinem Gott
überspringe ich Mauern.
ZÜRICH

Mit meinem Gott kann ich
über die Mauer springen.
LUTHER

Und mit meinem Gott
überspringe ich Wälle.
KRAUS

Mit meinem Gott erspringe
ich die Schanze.
BUBER

Tag

Psalm 19

Heutiger Tag

Der Morgen graut. Ein erstes Licht erzittert. Es tagt. Der Tag tastet sich heran. Er legt sacht die Hand auf die Erde. Er gibt ihr seinen Hauch. Sagt er etwas? Er spricht in Licht. Sein Atem teilt sich mit. Er spannt eine leise Erwartung.

Dieser Tag ist und wird sein der heutige Tag. Er weiß, daß der gestrige Tag ihm voranging. Er weiß, daß der morgige Tag ihm folgt. Aber er ergießt sich ins Heute. Im Nachklang und im Vorklang erlebt er sich in einer Kette von Tagen. Es ist keine fesselnde Kette. Es ist das Bewußtsein eines Zusammenhalts, das sich zuspielt von Licht zu Licht.

Lautlos entzündet sich die Fackel des Tages. »Ein Tag sagt es dem andern, und eine Nacht tut es der andern kund – ohne Sprache, ohne Worte, mit unhörbarer Stimme.« Da ist eine sprechende Wortlosigkeit und ein sprachloses Reden. Da ist ein Hören über das Hören hinaus. Und Tag und Nacht bewegen sich in einem Wechselverbund und verständigen sich untereinander. Der Tag will nicht zur Nacht, und die Nacht will nicht zum Tag gemacht werden. Lautlos prägen sich die Gebote ein der Tagbeachtung wie der Nachtbeachtung. Der Tag sagt sich an – ohne Sprache, ohne Worte. Aber er sagt sich herüber, er sagt sich herein, er sagt sich zu.

Immer
noch
lerne ich.
Ich lerne
die Sprache
des Tages.
Früh zündet er
die Buchstaben des Lichtes
an.
Er singt sich
ein
in die Stimmen der Vögel.
Er gebiert
die Gebärden
wachsender Pflanzen.
Er atmet auf
im Gesicht
erwachender Menschen.
Er spricht
mit dem Wind und
treibt sein Spiel in den Wolken.
Er lacht mich an
mit seinem unendlichen
Vokabular des Lernens.

Psalm 19,3a:
Ein Tag sagt es dem andern.
ZÜRICH

Ein Tag übermittelt dem anderen Worte.
KRAUS

Sprache sprudelt Tag dem Tag zu.
BUBER

Herz

Psalm 20

Auf den Herzschlag der Erde horchen

Schlägt es denn noch, das Herz? Hält es noch seinen Rhythmus, dieses leicht sich betonende Gleichmaß? Oder droht ihm der Infarkt, die Adernverstopfung, der Gefäßverschluß, der die Gewebe des Lebens absterben läßt? – Eben noch sah ich die Bilder flimmern, die über Ursachen von Infarkten informieren: übermäßiges Rauchen, übermäßiger Fettverzehr, übermäßiger Mangel an Bewegung. Vielleicht gehört noch hinzu: übermäßige Begehrlichkeit.

Was aber soll das Herz begehren? Daß es von Herzen schlägt! »Er gebe dir, was dein Herz begehrt, und lasse alle deine Pläne gelingen.« – Aber die Pläne müssen herzgemäß sein. Das Herz kann, mag, soll begehren. Wie könnte es sonst Motor des Lebens sein? Doch das Herz selbst schlägt jenseits der Begehrlichkeiten. Es schlägt seinen eigenen Takt. Der will beachtet sein.

Gerät das Herz in fremde Gewalt, erfaßt es fremdes Begehren, überzieht es ein fremdes Klima der Herzlosigkeit, dann kippt es aus seinem Takt. So viele Pläne bewegen den Menschen. Doch wie viele seiner Pläne haben auf den Herzschlag der Erde geachtet? Und jetzt überstürzen sich Nachrichten und Berichte, die Erde käme mehr und mehr aus ihrem Rhythmus. – »Er gebe dir, was dein Herz begehrt« – gemäß dem Schlag deines Herzens. »Und lasse alle deine Pläne gelingen« – und gebe ihnen ein feines Gehör, daß sie horchen auf den Herzschlag der Erde.

Das war von Herzen
gesprochen,
hörte ich
sagen.

Von ganzem Herzen
grüße ich dich.
Als sei mein Herz
mein mitteilsames
Organ.
Als fände das Herz
die richtigen Worte.

Ein Klima
der Herzlosigkeit
breite sich aus.
Darunter leiden
die Menschen.
Ganze Völker
fragen
nach dem Erbarmen.

Barmherziger Gott,
erwecke
die Herzlichkeit,
die wir leider
begraben haben.

Psalm 20,5a:
Er gebe dir, was dein Herz begehrt.
ZÜRICH

Er erfülle die Wünsche deines Herzens.
GUTE NACHRICHT

Er gebe dir nach deinem Herzen.
BUBER

Immer, wenn ich gehe:
Als sei ich
begleitet.
Und das beschwingt.

Immer, wenn ich gehe:
Der Schlag
meines Herzens.
Und der hält den Rhythmus.

Immer, wenn ich gehe:
Ein Schritt
nach dem andern.
Und das bringt voran.

Immer, wenn ich gehe:
Ein Schimmer
von Sinn.
Und der gibt mir Flügel.

**Als stürmten
sie
voran.
Als blühte
ihnen zulieb
das Gebüsch.
Die beiden
Freunde
sind unterwegs.**

**Wer will
sie
trennen?
Sieh
ihren
Schulterschluß!
Schau
ihre
doppelte Stirn!**

**Und wenn du
wankst:
Ich stütze dich.
Und wenn du
stürzt:
Ich hebe ich auf.
Und wenn du
ermattest:
Mein Rücken
ist für dich da.**

Leben

Psalm 21

Flehen aus der Tiefe heraus

Leben, was denn sonst? Ich höre das Rauschen der Blätter: Leben! Ich höre das Jauchzen des Spechts: Leben! Ich höre bei offenem Fenster das Lachen der Kinder und die Stimmen aus Gärten und Straßen: Leben! Was denn begehren die Wesen aus der Tiefe heraus anderes als Leben? »Um Leben bat er dich, du gabst es ihm.«

Der Berber, der kein Bettler sein will und auf der Straße von Hannover seine Zeitschrift »Asphalt« anbietet, wie der König, der an Krebs erkrankte, das behinderte Kind, das die Sonne malt, wie die singende Greisin, der Voll- und Überbeschäftigte, den die Hektik überdreht hat, wie der Arbeitslose, dessen Kraft brachliegt, die Erdbebenopfer in Kolumbien, die Hungernden in Somalia, die Flüchtlinge vom Kosovo: Sie alle bedürfen der Mittel zum Leben, und ihre Gebärden zeugen vom Leben oder flehen um Leben. Das bloße Flehen schon wird zum Lebenszeichen.

Denn warum fragen und klagen Arbeitslose nach Arbeit? Weil sie sich beschäftigt sehen wollen in ihrem Leben. Gewiß ist das Leben nicht nur Arbeit. Aber Arbeit gehört zum Leben hinzu, eine Beschäftigung jedenfalls, eine Tätigkeit, die etwas ergibt, so oder so. – Welch eine Lebensleistung bringt und vollbringt eine Hausfrau! Aber wie oft liegt ihre Anerkennung im Argen. Sie erhält nur wenige oder gar keine Gegenwerte. Mein Leben will etwas wert sein!

»Ich möchte leben«,
rief und
schrie und
fieberte
das Mädchen Selma,
das jüdische Mädchen,
damals
im schandbaren
Lager
in ihrem Gedicht.
»Ich möchte frei sein
und atmen und schrein.
Ich will nicht sterben.
Nein.«
»Nein!«
mögen
die nach ihr Lebenden
schrein.
Als sprängen sie
ihr bei.
Als könnten sie
Selma
das frühgenommene
Leben
noch heute
in ihre Hände geben.

Psalm 21,5a:
Um Leben bat ER dich, du gabst es IHM.
ZÜRICH

Leben erbat ER von dir – du hast es IHM gegeben.
KRAUS

Er bat dich um Leben – du gabst es IHM.
BUBER

Kleinod

Psalm 22

Das Leben kostbar machen

Es schimmert, es funkelt, es sprüht von Licht: Das ist ein Kleinod. Etwas Kostbares gibt es im Leben. Etwas Unvergleichliches. Etwas wie ein unantastbares Geschmeide. – Manche sagen, es sei die Seele. Manche sagen, es sei die Mitte tief innen. Manche sagen, es sei der glimmende Funke. Unantastbar soll er sein, unzerstörbar, unauslöschlich?

Doch schon knurren die Hunde, die brutalisierten. Sie fletschen die Zähne. Der Geifer rinnt ihnen aus dem Maul. Das Kleinod ist in Gefahr. Wächst in der Gefahr das Rettende? »Errette … aus der Gewalt der Hunde mein Kleinod.« Und: werde du nicht selber zum Hund. Wieviele unseres Volkes wurden zu Hunden, brutaler als je es ein Hund vermag.

Wenn Juden – allen anderen voraus – Psalmen sangen, dann trugen sie im Klang ihrer Stimmen und in der Wahl ihrer Worte Kleinodien herein und machten das Leben kostbar. Und als Sänger der Psalmen – ihnen allen voraus – nannten sie David. Einen David sah ich, gemalt mit einer Krone auf rötlich strähnigem Haar. Der trug eine Brosche wie aus Gold oder wie die Blüte eines Löwenzahns. – Wehe den Hunden! (Es gibt Könige, Menschen mit Würde, sogar in der gegenwärtigen Welt, die den Hunden wehren. Während ich dies schreibe, ist König Hussein in Jordanien gestorben. Sonst Verfeindete vereinigen sich an seinem Grab, um sich vor diesem Kleinod unter den heutigen Führenden zu verneigen.)

Einen Samen
halte ich sacht
in der Hand.
Ein Kleinod
klaube ich auf.

Einen Falter
habe ich lange
betrachtet.
Ein Kleinod
regt seine Flügel.

Ein Brief
kommt unverhofft
zu mir.
Ein Kleinod
birgt seine Schrift.

Ein Wort,
das ich liebe,
teilt sich mit.
Ein Kleinod
beginnt zu leuchten.

Das Gut,
das uns teuer ist,
scheint bedroht.
Entreißen wir das Kleinod
dem Rachen des Drachens.

Psalm 22,21b:
Errette aus der Gewalt der Hunde mein Kleinod.
ZÜRICH

Errette vor den Hunden mein einziges Gut.
KRAUS

Errette meine einsame Seele von den Hunden.
LUTHER

Aue

Psalm 23

Auge des Himmels

Eine Aue ist ein Auge des Himmels auf der Erde. Eine Aue ist ein Kleinod inmitten der Landschaft. »Auf grünen Auen läßt er mich lagern.« – Ein Inbegriff des Sprießenden sind die Auen. In ihnen verteilt sich das Wasser gemächlich und fruchtbar. Leider haben wir die Auen in unserem Lande großenteils ausgerottet. Als würden sie den reißenden Fortschritt hemmen. Als widersprächen sie der kahlen Kanalisation. Als würde ihr krummes Geäder zum Ärgernis für die Begradigung.

Aber das war alles zu kurz gedacht und zu schnöde gewütet. Der Ruf wurde laut nach Renaturierung. Die verlorenene Aue soll wiedergewonnen werden. Und an den Flußläufen, die wie in Röhren der Beschleunigung gepreßt wurden und sich dann mit Überflutungen rächten, sollen wieder Auewälder entstehen. In ihnen wird Wasser verweilen und lichtes Gehölz – Weiden und Erlen und Birken – gedeihen.

»Goldene Aue« heißt der Wiesengrund meiner Heimat. »Auleben« hat daraus seine Lebendigkeit geschöpft. Mein Leben lang wird mein Auge auf dieser Grünfläche lagern. Darin bin ich dem Psalmensänger verwandt. – Inzwischen haben Kraniche, diese großen und doch zarten und scheuen Vögel, Flächen der Goldenen Aue zu ihrem Rastplatz erkoren. Ähnlich sah ich Kranichgeschwader über dem See Genezareth fliegen. Kraniche fliegen zu sehen, das ist ein gutes Zeichen.

Und Er schuf
Auen
und nicht vergaß Er
die Feuchtgebiete.
Und all Sein
Erschaffenes
war Ihm
ein einziger
Biotop.
Denn Biotop
ist der Name
für Lebensort.
Lebendiges Wasser
quillt ihm
zu.
Und es freut sich
das Unausgetrocknete
der unbändigen
Fülle
immer neuer
Geburten.
O Herr der Auen,
laß doch die Spiele
Deiner Phantasien
niemals versiegen.

Psalm 23,2a:
Auf grünen Auen läßt er mich lagern.
ZÜRICH

Er läßt mich lagern auf grünen Auen.
EINHEIT

Er weidet mich auf einer grünen Aue.
LUTHER

Du bringst mich auf saftige Weiden.
GUTE NACHRICHT

Auf Grasdriften lagert er mich.
BUBER

Tore

Psalm 24

Offen für neue Empfindlichkeit

Mauern und Mauern und Mauern verbauen den Weg. Aber dort ist ein Tor. Tore sind dort, hohe sogar. Ich wandere hindurch und hinein. Ich wandere hindurch und hinaus. Wenn doch immer die Freiheit bliebe, hineinzuwandern! Wenn doch immer die Freiheit bliebe, hinauszuwandern!

Wer an Jerusalem denkt, denkt an seine Tore. Das Damaskus-Tor, das Jaffa-Tor, das Goldene Tor. Das Goldene Tor freilich wurde einst zugemauert. Als solle dem Kommenden der Einlaß verwehrt werden. Wann kommt der Kommende? – »Hebt hoch, ihr Tore, eure Häupter, erhöht euch, ihr uralten Pforten.« – Ein Tor ist wie ein lebendiges Wesen. Es will an seiner Öffnung Freude haben. Dann erhebt es sich. – Am höchsten erhebt es sich wohl, wenn Er durch die Tore zieht, der König der Herrlichkeit und des Friedens. Was wurden ihm Palmen gestreut. Was wurde und wird ihm angetan. Und was für ein Hohn stand dann auf Toren geschrieben: »Arbeit macht frei.« Fron versklavt. Die Sklavenhalter waren Deutsche, die »Meister des Todes«. Haben sich da die Tore geduckt hinter der Schrift, die ihnen an die Stirn genagelt wurde? Sind sie zusammengezuckt unter den Finsternissen?

Ein Komponist dieser Zeit – Hans Werner Hentze – drang, wie er sagt, in seiner siebenten Symphonie dorthin vor, wo Tore sich öffnen zu einer anderen, einer neuen Empfindlichkeit. Wir Grobschlächtigen! Aber die Tore wollen, daß Empfindliche sie durchschreiten.

Deines Tores
Höhe
erhebt mich
aus meiner
Niedrigkeit.
Deines Tores
Breite
gibt mir
Anteil an
Deinem Volk.
Deines Tores
Bogen
verleiht
meinem Dasein
Spannkraft.
Deines Tores
Haupt
errichtet mir
meinen
Willen.
»Deines Tores
Gold
schmilzt
an meiner
Sehnsucht.«
(Und diesen letzten Satz,
der mir zum ersten wurde,
hat Else Lasker-Schüler
geschrieben.)

Psalm 24,9a:
Hebt hoch, ihr Tore, eure Häupter.
ZÜRICH

Ihr Tore, hebt euch nach oben.
EINHEIT

Macht die Tore weit.
LUTHER

Hebt, Tore, eure Häupter.
BUBER

Güte

Psalm 25

Nur um der Güte willen

All die inständigen Anrufungen und auch die stummen Rufe! Selbst der Hartgesottenste, selbst der Verwahrloseste sehnt sich nach nichts mehr als nach einem Bröckchen Güte. – Das ist wahrlich mehr als ein Medienspektakel. Doch kein Reporter drängt sich hinein. Denn gesichtet wurde ein gütiger Mensch.

Sogar in den Psalmen hallt es wider von Rachegeschrei. Als sei nichts dringlicher als die Vernichtung des Feindes. Und kultiviert der Feind, kultivieren die Feinde nicht Feindschaft nochmals in der Potenz? Ertrinkt das Leben in lauter Feindseligkeit? – Wie verloren tauchen einige Wort-Brocken auf: »Nach deiner Gnade gedenke mein, Du, um deiner Güte willen.«

Güte rührt aus Güte, rührt aus Güte. Mitten im Meer der Vernichtungswünsche schiebt sich ein Treibholz unter die Hand. Ich fasse es. Es trägt. Güte ist möglich. Als Fremdes ist Güte möglich. Als unscheinbare Ungeheuerlichkeit. – Warum siehst du so scheel, guckst du so dunkel, reagierst du so aggressiv? Weil ich so gütig bin? Das darf doch nicht wahr sein, sagen die Leute heute. Was darf nicht wahr sein? Die Güte.

Auch denen,
die ganz zuletzt kamen,
zahlte er
den gleichen Lohn.
Denn er war
ein gütiger Mann.

Auch den,
der ihr den Mord gestand,
begleitete sie
ins sibirische Lager.
Denn sie war
eine gütige Frau.

Auch denen,
die tief verschuldet sind,
erlassen sie
die Summe der Schuld.
Denn sie lassen sich
von Güte regieren.

Auch dem,
der vor Bosheit strotzt,
stellen sie
ein wärmendes Licht hin.
Denn sie halten
die Güte für stärker.

Psalm 25,7b:
Nach deiner Gnade gedenke mein, o Herr, um deiner Güte willen.
ZÜRICH

In deiner Huld denk an mich, Herr, denn du bist gütig.
EINHEIT

Gedenke deines Erbarmens, DU, und deiner Hulden.
BUBER

Nieren

Psalm 26

Körper-Erfahrungen

Körperlich reden wir. Uns geht etwas an die Nieren. Da ist die Schmerzgrenze beinah erreicht. Unsere Weh- und Glückserfahrungen haben eine Basis im Körper. – Wird unser Zustand eindringlich geprüft, wird unsere Brust geröntgt oder der Darm gespiegelt, dann sind wir mit Körper und Geist beteiligt. »Prüfe mich, Du, und erprobe mich, erforsche mir Nieren und Herz!«

Wir setzen uns einem Wüstentag aus. Wie reagiert die Haut? Wir betreten eine schwankende Brücke. Wie ist den Füßen zumute? Wir steigen hinauf in dünnere Luft. Wie kommt dies der Lunge zugute? Wir erregen uns heftig zum Glück oder Leid. Wie schlägt das Herz daraufhin? Wir lassen uns auf ein Fasten ein. Entlastet das die Nieren? – Sind nicht die Nieren ein Reinigungsorgan? Nehmen sie nicht wahr, was den Säftefluß stört? Wirken sie nicht wie eine unauffällige Kläranlage des Körpers?

Klärungsvorgänge sind aus dem Bewußtsein abgesunken. Von den Organen werden sie unbewußt aufgenommen. Wie entstand dieser Nierenstein – oder Gallenstein? Er verursacht stechenden Schmerz. Marta erhob laute Klage, Anklage sogar, als durch ärztliche Unachtsamkeit ihr ein Gallenstein abstürzte in den Darm. Das Wunder einer Gegenkraft erhielt sie am Leben. – Eine Tochter war schwer im Inneren erkrankt. Ihre Mutter spendete ihr eine Niere.

Das Herz
pumpt
mein Blut.
Die Lunge
filtert
die Luft.
Der Mund
behandelt
die Nahrung.
Der Darm
verdaut
die Speise.
Die Nieren
entsorgen
die Stoffe.
Das Hirn
reguliert
die Zufuhr.
Das Auge
mustert
den Zustand.
Die Haut
umspannt
den Körper.
Die Hand
notiert
das Wunder
meiner Organe
und ihres
Zusammenspiels.

Psalm 26,2:
Prüfe mich, Herr, und erprobe mich, erforsche mir Nieren und Herz.
ZÜRICH

Stell mich auf die Probe, Herr, prüfe mich auf Herz und Nieren.
GUTE NACHRICHT

Prüfe mich, DU, und erprobe mich, schmilz mir Nieren und Herz aus!
BUBER

Spielen

Psalm 27

Leben erspielen

Spielen ist wichtig. Mit allen meinen Regungen bin ich beweglich dabei. Im heiligen Hause des Lebens nehme ich nicht eine starre Haltung ein. Vielmehr fange ich an, in überströmendem Dank zu singen und zu spielen. »Ihm will ich singen und spielen.«– Philippininnen tanzen in weißen Gewändern vor dem Altar. Von frühen Christen sind Bilder erhalten, wie die widerfahrene Freude sie zu rhythmischem Spiel beschwingt. Strengere Generationen danach haben solche Bilder wieder aus Anschauung und Bewußtsein getilgt. Als aber der Osternachtsgottesdienst in Sankt Petersburg zu Ende war, fing eine Russin auf offener Straße an, mit mir zu tanzen. Und im oberen Galiläa übergab mir ein hochbetagter und schwer daniederliegender jüdischer Maler – Moshe Raviv – sein Bild von den tanzenden Rabbis.

Ich glaube, daß der Mensch zum Spiel bestimmt ist. Ich glaube, daß der Mensch nicht im starren Ernst versinken darf. Ich glaube, daß das Spiel dem Leben Mut gibt und es anmutig macht. Ich glaube, daß der Grund allen Lebens die Freude ist, die sich im Spiel äußert. Ich glaube, daß das Spiel die unverkrampfte Tragekraft des Lebens ist. Ich glaube, daß das Leben nicht zu bewältigen, sondern zu erspielen ist. Ich glaube, daß das gelingende Spiel ein Widerspiel ist der Bewegung in Gott.

Denn Gott offenbart sich selber als singender Spieler. Hat er doch von den Anfängen her das Spiel des Lebens inszeniert. Im Dienst, der ihm gilt, wird eben dieses verdichtet.

Ich spiele,
also bin ich.
Wie im
Spiel
bin ich
erschaffen.
Warum
hat Gott
die Welt
erschaffen,
wenn nicht
aus Lust
zum Spiel?
Als hätte
das Spiel
nicht
seinen Ernst.
Aber wenn
dem Leben
das Spiel
fehlt,
fehlt
ihm sein
Funke
und sein
Glanz.

Psalm 27,6b:
Ich ... will dem Herrn singen
und spielen.
ZÜRICH

Mit Singen und Spielen
preise ich ihn.
GUTE NACHRICHT

Singen und harfen werde ich
IHM.
BUBER

Danken

Psalm 28

Gesang aller Adern

Danken? Danken? Wofür soll ich, wofür sollen wir denn danken? So hätte es aus der Neunzigjährigen herausbrechen können, die mir eben ihren Jahrhundertweg – von Böhmen nach Marburg – erzählte. Stattdessen, als hätte sie lebenslang den Ursachen nachgegraben, setzt sie den Satz in die Welt: »Wir haben verlernt zu danken.« Als sei dies ein letztes und äußerstes Lebensziel, das ihr zu erreichen bleibt: Leben aus Dank. »Mit meinem Liede will ich ihm danken.«

Zum Danken muß ich mich aufraffen – manchmal jedenfalls. Zugleich mag ich denken, das Danken sei das spontan Selbstverständliche. Das Danken ist ein schöpferischer Akt, in dem das Leben aus sich heraustritt und sich bejaht. Der Dank singt sich aus dem Leben heraus und in das Leben hinein.

Dankende sind eine Minderheit, von denen ausgeht, was man einen Segen nennen mag oder eine integrative Kraft. Als zehn Aussätzige, diese Desintegrierten, von denen es schon im Umkreis Jesu wimmelte, geheilt – ins gemeinsame Leben wiederaufgenommen – wurden, kehrte ein einziger um und dankte. – Die Quote des Dankens muß wachsen, wenn sich das Leben ändern soll. Nicht daß pflichtmäßig dieses oder jenes Dankeswort dürftig und dürr geäußert würde. Der Dank will zum Gesang aller Adern werden, zum Untergrund und Unterfluß meines Lebens und Denkens. Leben ohne Dank bleibt ohne Lied. Dankend aber gewinnt es seinen Gesang.

Wenn etwas
sich sammelt
in mir,

wenn etwas
den Untergrund
schafft,

wenn etwas
zur Substanz
meines Lebens wird,

wenn etwas
das Erinnern
durchdringt,

wenn etwas
nie
vergessen sein will,

wenn etwas
mich
tief aufatmen läßt,

dann
ist es
der Dank.

Psalm 28,7c:
Mit meinem Liede will ich ihm danken.
ZÜRICH

Ich will ihm danken mit meinem Lied.
EINHEIT

Darbringen

Psalm 29

Die Gebärde der Gebärden

Welche Gebärde ist königlich? Welche Gebärde ist menschengemäß? Welche Gebärde fördert das Leben? Die Gebärde des Darbringens ist die Gebärde der Gebärden. Ihr sollt Darbringende sein! Dem Menschen sind Arme gegeben, um darzubringen. – Ich bringe nicht nur. Ich bringe dar. Die bringenden Hände strecken sich nach vorn und reichen zu – in einer weiten Bewegung. »Bringet Ihm dar die Ehre« – den Glanz – »seines Namens.«

In seinem Namen darbringen: Das mag ein Signal sein für bevorstehende Tage. Denn was zeigen die Bilder rund um die gegenwärtige Erde? Leere Hände, die sich herstrecken. Und wie steht es mit den vollen Händen, die darreichen? Und dann ist nach den Ursachen zu fragen des um sich greifenden »durcheinandergeworfenen« Zustands. – Auf der Straße traf ich einen Mann, der in mehrfacher Hinsicht den Beruf des Darbringens ausübt. Als Lehrer bringt er Auszubildenden Kenntnisse und Fähigkeiten zum Beruf. Als Entwicklungshelfer bringt er Darbenden Wissen und Geschick, sich selbst zu ernähren. Als Vater bringt er dem heranwachsenden geistesbehinderten Sohn Anhalt und Lebensorientierung.

Tief in die Überlieferung eingebracht haben sich drei königliche Menschen, die zugleich darbringende Menschen sind. Gold, Weihrauch und Myrrhe brachten sie dem Neugeborenen dar. Er ist es, der wahrlich mit dem Ehrennamen des Darbringers bedacht werden kann.

Ich raffe.
Ich reiche dar.

Ich sacke ein.
Ich schütte aus.

Ich neide.
Ich gönne.

Ich eigne an.
Ich gebe hin.

Ich begehre.
Ich biete an.

Ich schließe aus.
Ich lade ein.

Ich horte.
Ich teile.

Ich nehme.
Ich gebe.

Ich geize.
Ich spende.

Ich bringe durch.
Ich bringe dar.

Psalm 29,2a:
Bringet dar dem Herrn die Ehre seines Namens.
ZÜRICH

Gebt ihm die Ehre, die ihm allein zusteht.
GUTE NACHRICHT

Zollt IHM seines Namens Ehre.
BUBER

Wanken

Psalm 30

Es wackelt alles

Der Boden bebt. Der Schritt schwankt. Der Gang verliert seine Sicherheiten. Gedenke, daß du wanken wirst. »Ich aber wähnte, daß es mir wohl ging: ›Ich werde nimmermehr wanken.‹« Es ist eine falsche Festigkeit, die wir uns einreden. Und wem ergeht es denn dauerhaft wohl?

»Meine Herren, es wackelt alles!« wagte ein denkender Mensch zu verkünden, als er einen großen Kongreß eröffnen sollte in einer Zeit der großen Selbstberuhigungen. Theologe war er und Seismograph (Ernst Troeltsch). – Von der »Erschütterung der Grundlagen« sprach Jahre danach ein anderer Hochsensibler, der bei Hereinbruch des Unheils den Platz des Berufs und den Ort des Lebens verlor (Paul Tillich). »The shaking of the foundations« hieß das Buch, das er herausgab im Land seiner Zuflucht. »In der Tiefe ist Wahrheit« wurde – beschwichtigend fast – ins Deutsche übersetzt. Gewiß, die Wahrheit hat es mit der Tiefe zu tun. Aber die Wahrheit stürzt grundstürzend aus der Tiefe hervor.

Gebrechlichkeit mag man das Wanken im Alter nennen. Die betagte Dame mit Stock kommt mir aus dem Altersheim – oder auch aus der »Seniorenresidenz« – entgegen. Sie erzählt von der bejammernswerten Verfassung eines sehr alten Ehepaars in ihrer Nachbarschaft. Aber die selbst der Pflege bedürftige Frau lasse es sich nicht nehmen, täglich ihren Mann, der gelähmt ist und nicht sprechen kann, in der Klinik zu besuchen. Wenn sie in der Tür erscheint, leuchtet sein Gesicht auf. Wankende werden einander zum Halt.

Das Ziel
sah ich
vor Augen.
Ich setzte
zum Endspurt
an.
Da wankte ich.

Oder
es war
ein Schwächeanfall.
Oder
es kam
eine Warnung:
Gib acht,
daß du nicht
überziehst!

Wer niemals wankt,
steht
auf tönernen Füßen.
Die Schwäche
gehört zum Leben
hinzu.
Es ist keine
Schande,
zu wanken.

Psalm 30,7:
Ich aber wähnte, da es mir wohl ging: »Ich werde nimmermehr wanken.«
ZÜRICH

Als ich mich sicher fühlte, dachte ich: »Was kann mir schon geschehen?«
GUTE NACHRICHT

Ich freilich, ich hatte gesprochen in meiner Zufriedenheit: »Auf Weltzeit wanke ich nie«.
BUBER

**Da ist eine Gabe,
die Leben
zureicht.
Du wankst
vor Entkräftung.
Aber ich komme.
Ich bin gleich da
und bringe dir
den erfrischenden
Trank.**

**Schon die Gebärde,
die darreicht,
gleicht
einer Oase
inmitten
der Landschaft des Raffens.
Eine Quelle des Spendens
bricht auf.
Ein Mensch des Kelchs
tritt heran.**

**Erstaunlich
erscheint eine solche Gestalt,
erwählt und erwählbar,
uns eine andere Zukunft
zu zeigen.**

**Als ich
an der Westmauer
stand
von Jerusalem,
hob mir ein jüdischer
Vater
seine zarte Tochter
entgegen.
Strahlend
tat er das
und zeigte
auf sie:**

**Sieh her,
meine kostbare
Tochter.
Niemand
wird sie zu Asche
verbrennen.
Wie stolz
bin ich
hier.
Ich trage sie
auf meinem
Arm.**

Netz

Psalm 31

Netze zum Tod, Netze zum Leben

Wehe, wer sich in Netze verstrickt. Wer die Fliege im Netz sieht: Sie zappelt mit den Beinen. Sie sirrt mit den Flügeln. Aber sie erlahmt. Wer den Menschen im Netz sieht: Nur nicht das Netz! Nur nicht die Lähmung! Nichts als den freien Flügelschlag! »Du wirst mich befreien aus dem Netze.« Wer also ist Gott? Der mich befreit aus dem Netz und der mir Flügel verleiht.

Bin ich der Netze gewahr? Merke ich, wer sie mir stellt – heimlich und mit verstelltem Gesicht? Vielleicht, daß die Akten Auskunft geben. Wen hat denn die Lust getrieben, mich ins Netz zu verstricken? Wer hat den Drang, mich denen, die sich die Macht anmaßen, ans Messer zu liefern? Die freiheitlich gesonnene Frau erschrak bis ins Mark, als sie mit eigenen Augen schwarz auf weiß sah: Der ihr vertrauteste Mensch, ihr eigener Mann, war ihr zum Spitzel geworden, der sie verriet. Die »Wende« wurde zur Wende auch von der Netzverstrickung zur Netzentwirrung. Das Netz war zu lange ein verderbliches Bild.

Aber ich glaube an die Macht der Wandlung. Und ich habe einen Traum, der selbst das Netz überrascht und ihm seine Würde gibt. Denn es erlebt sich nicht mehr als verstrickend, sondern als verbindendes Netz. All die Isolierten, Zerstrittenen, Verbitterten: Ich will sie – mit Geduld – zueinanderbringen. Ich will sie vernetzen. »Du wirst mich befreien aus dem Netze«, das heißt jetzt: Du wirst mir die Freiheit verleihen, mitzuwirken am großen Netzwerk, das sich als das Gewebe des Lebens erweist.

Wenn einer mich fragt:
Was ist dein Beruf?
Mein Beruf ist
Netzeflicker,
sage ich ihm.
Zerrissene Netze
zwischen Deutschen
und Russen.
Einige Fäden zu richten
in Moskau und in Sankt Petersburg.
Zerrissene Netze
zwischen Deutschen
und Tschechen.
Einige Fäden zu richten
in Tabor und in Prag.
Zerrissene Netze
zwischen Deutschen
und Juden.
Einige Fäden zu richten
in Safed und in Jerusalem.
So daß, wenn mich einer fragt:
Was also hast du getan
in deinem Beruf,
ich ihm antworten werde
und sage:
Vielleicht
habe ich an
einem zerrissenen Netz
der Verbindungen
ein weniges mitgeknüpft.

Psalm 31,5a:
Du wirst mich befreien aus dem Netze, das sie mir heimlich gestellt haben.
ZÜRICH

Aus dem Netz wirst du mich holen, das sie mir heimlich legten.
BUBER

Rettung

Psalm 32

Die Klage der Geretteten

Wenn damals die Bombe dich nicht zerriß, wenn du es nicht warst, den heute – ganz in der Nähe – der Schlag traf, wenn du morgen möglicherweise dem jähen Tode entgehst, dann magst du sagen: »Du … umgibst mich mit Rettung.«

Wo aber, so fragte ich einst meinen Vater, bleiben die Ungeretteten? Denn aus dem Krieg war ich zurückgekehrt. Mein Vater war voll des Lobpreisens. Und er fand des dankbaren Jubels kein Ende. – Wie aber, so verbarg ich mich, wie aber, so versank ich gar in den Boden, wie aber kannst du meine Rückkehr preisen? – Denn in den Ohren der Anderen wandelt das Preislied sich in bittere Klage. Die Geretteten selber müssen doch klagen. Ist ihre Rettung jemals verdient?

Rettung ist Überschuß, der überwältigt. Ich lebe nur noch den hinzugegebenen Tag. Als müßte ich all die Lebensanteile derer mitleben, denen sie nicht vergönnt sind. Als wüchsen mir urplötzlich Kräfte zu, auch die Ungeretteten dennoch zu retten. – Die Rettung aller: Das muß das Ziel sein. So haben es frühe Christen gesagt. Sie sprachen von der Heimholung aller. Die Wiederbringung aller Dinge haben sie ersehnt. »Du … umgibst mich mit Rettung.«

Es reicht nicht aus,
den rettenden Ring
zu werfen.

Es reicht nicht aus,
das Opfer an Land
zu ziehen.

Es reicht nicht aus,
den Verletzten in den Sattel
zu heben.

Der Samaritaner
besorgte und bezahlte
auch einen Wirt.

Umgib die Retter
mit Geduld und
mit Mut.

Stell die Geretteten
sacht und langsam
auf ihre Füße.

Selig werden sie sein,
endlich
selber zu gehen.

Psalm 32,7:
Du ... umgibst mich mit Rettung.
ZÜRICH

Mit dem Jubel des Entrinnens umgibst du mich.
BUBER

Hauch

Psalm 33

Die Welt ist zart gebildet

In einem Bus sah ich ein Kind. Es saß dicht am Fenster. Mit Lust hauchte es die Scheibe an. Dann nahm es seinen Finger und zeichnete Figuren in den hingehauchten Grund. So entstand eine ganze Welt des Lebens. »Durch Sein Wort sind die Himmel gemacht, durch den Hauch seines Mundes ihr ganzes Heer.«

Nicht gewalttätige Macher, auch kein großmächtiger König und nicht der strotzende Held der Nation auf hohem Roß oder im rasenden Panzer erschaffen, bewahren, beleben die Welt. Sondern der Hauch macht es aus. Im Anhauch entsteht und erhält sich die Welt. – Denn sieh sie doch an: Wie ist sie verletzlich! Weil sie verletzlich ist, ist sie so kostbar. Hauchzart sind deine Organe gemacht – schon im Leib deiner Mutter. Heute habe ich gehört, wie Menschen auf Borneo das Reiskorn behandeln, als sei es ein neugeborenes Kind.

Was sich uns anvertraut und was uns anvertraut wird, schaut uns an, spricht uns an, ja haucht uns an, zartfühlend, zarttastend, zartbildend mit ihm umzugehen. Von noch Ungeborenen heißt es, sie würden Laute außerhalb des Bauchs ihrer Mutter genau vernehmen, auch wenn sie sich noch nicht äußern können. Von noch Lebenden heißt es, sie würden genau erfahren, was um sie herum getan und geredet wird, auch wenn sie nicht mehr sprechen und reagieren können. Es bedarf ganzer Heere von hellen Gehilfen, um den verletzlichen Atem der Erde zu schützen.

Du hast
mich
angehaucht.
Durch den Hauch
Deines Atems
bin ich entstanden.

Wer immer
ich bin und was immer
ich tue:
Ich lebe
durch
Deinen Hauch.
Denn hauchartig
sind wir erschaffen
und nicht brutal.

Nicht durch die Faust,
durch den Hauch
teilen wir uns mit
dem Leben der Welt
und sind
darin lebendig.

Psalm 33,6:
Durch das Wort des Herrn sind die Himmel gemacht, durch den Hauch seines Mundes ihr ganzes Heer.
ZÜRICH

Der Himmel ist durch das Wort des Herrn gemacht, und all sein Heer durch den Geist seines Mundes.
LUTHER

Antlitz

Psalm 34

Zum Widerschein bestimmt

Erlöster müßten mir die Christen aussehen, hat ein Nichtchrist gesagt. (Das war der Pfarrerssohn Friedrich Nietzsche). Und voll Mut sollte ihr Antlitz leuchten. »Blickt auf zu ihm, so strahlt euer Antlitz.« Zum Widerschein sind wir bestimmt, zum Gegenüber im Licht. Nicht um vor mich hinzudämmern bin ich da, sondern um Antwort zu geben. Nicht ins Grau zu verdüstern ist mein Beruf, sondern ins Angesicht hinein ein helles Profil zu gewinnen. Ein jüdischer Denker hat gesagt: »Gott erniedrigt sich dazu, im menschlichen Antlitz zu mir zu sprechen.« (Das war Emanuel Lévinas, der unermüdlich den Talmud studierte.)

Schwere Dunkelheiten zogen in unserem Jahrhundert über den Gesichtern auf. Jener jüdische Denker legte ein Gelübde ab, das Land nicht mehr zu betreten, von dem das Unheil ausging, durch das er alle seine Angehörigen verlor. Aber was er erlitt, befähigte ihn, erleuchtend über das Antlitz zu reden. »Das Antlitz des anderen Menschen ist ein Um-Erbarmen-Bitten und das Gebot ›Du sollst nicht töten‹. Das ist Gottes Wort, und dieses Wort sagt mir das menschliche Antlitz.«

Antwort und Antlitz sind in unserer Sprache Geschwister. Die Antwort kommt ganz und gar nur aus mir selbst. Gleichzeitig spricht sie ganz und gar hin auf ihr Gegenüber. Das Antlitz verantwortet ganz und gar sich selbst. Gleichzeitig ist es ganz und gar durchgeprägt vom ganz Anderen her mir gegenüber. So sind wir – im dramatischen Widerspiel – mitbeteiligt an der Doppelbewegung des Lebens.

Von Angesicht
zu Angesicht.
Wehe,
das Angesicht
fehlt.

Ich weiß,
daß meine Mutter
ihr Angesicht
über mich
neigte.
Darin
bleibt sie mir
gegenwärtig.

Die Welt
hat ihr
Gesicht und
leuchtet wider
in unseren Zügen.

Laß mich
Deiner
gewiß sein,
so daß mein
Antlitz leuchtet.

Psalm 34,6:
Blicket auf zu ihm, so strahlt
euer Antlitz und ihr müßt
nicht zuschanden werden.
ZÜRICH

Die auf ihn blicken,
schimmern auf, nimmer wird
ihr Antlitz beschämt.
BUBER

Stille

Psalm 35

Vom Werk der Unauffälligen

Die sich still halten, werden bedrängt. Die kein Aufhebens machen, gegen die erhebt sich die Faust. »Denn gar unfreundlich reden sie über die Stillen im Lande.«

Still und mit der Weisheit ihrer Hände haben sie Rinden bemalt und ihr Land bepflanzt und beackert, mit den Füßen auch haben sie es betanzt: die Aborigines (die Ureinwohner) Australiens. Dann aber kamen die Lauten und haben ihnen den Schatz ihres Ackers geraubt oder angetastet. – Still und mit der Kunst des Verstehens haben sie den Umgang mit uralten Bäumen und fruchtreichen Sträuchern und heimlichen Mitkreaturen gepflegt: die Indios im alten Amerika. Aber dann kreischten die Sägen auf und holzten den Regenwald – über weite Flächen hin – ab. – Still und mit behutsamer Hand bebauen auch in unserem Land die anderen – die alternativen – Landwirte das Land, als sei es ein nicht unerschöpflicher Boden. Aber werden sie die fruchtbare Krume behaupten, gar noch verbreitern gegen das ätzende – rentabler machende – Gift und gegen den vollmechanisierten Zugriff?

Die ächzende Erde ruft laut: Wann endlich wird die Stille, wann endlich werden die Stillen im Lande zur Macht gelangen? Wann endlich kann ich aufjauchzen und den Schöpfer hochloben gemeinsam mit denen, die mit mir im Lande freundlich sind?

Stille den Sturm!
Stille den Lärm!
Stille die Gier!
Die Stillen
stillen
das Wüste,
als saugten sie allen
aufbrausenden Schaum
in sich auf.

Gib mir
den Sinn
für die Stille!

Einst sprach man
von den Stillen
im Lande.
Vielleicht
finden wir sie
noch immer verstreut,
als seien es sie,
die das Land
im Gleichgewicht halten.

Psalm 35,20a:
Denn gar unfreundlich reden sie über die Stillen im Lande.
ZÜRICH

Denn Friedlosigkeit reden sie wider die Gelassnen im Land.
BUBER

Gottlos

Psalm 36

Militantes Unglaubensbekenntnis

»Eine Atheistin bin ich«, so sagt sie. »An Gott glaube ich nicht. Dir wird er helfen. Mir hilft er nicht.« Woher will sie das wissen? – Als Atheistin ist sie bekannt, als militante sogar. Das war ihr Ruf – ein rühmlicher damals – noch aus der Sowjet-Zeit mitten in Moskau. »Gottlos zu sein, bin ich gesonnen.«

Was also folgt daraus? Daß man die Glaubenden systematisch verfolgt? Daß man die Geistlichen reihenweise erschießt? Daß man die Kirchen in Warenlager, in Schwimmbäder, in Schrottbaracken verwandelt? Bis man dem obersten Gottlosen meldet: Die Welt ist vom letzten Glaubenden gesäubert. – Sind Gesinnungen und Überzeugungen jemals folgenlos? Aber läßt sich Gesinnung und Überzeugung jemals erzwingen? Etwa im durchorganisierten Bund für kriegerischen, für kämpferischen, für wissenschaftlichen Atheismus?

Der Mensch ist möglicherweise sich selber undurchschaubar in dem, was er glaubt und woran er sich letztlich hält. Womöglich leidet die harsche Bekennerin selbst an ihrem negativen Bekenntnis. Einer, der in ihrem russischen Land Höllenqualen des Zweifels durchlitt, brach in den Satz aus: »Ein Atheismus in der Tiefe, eine Leugnung Gottes in meinem allerinnersten Sein ist unmöglich« (Nikolai Berdjajew). »An ihren Früchten erkennt ihr sie«, sagt der von Gott Gesandte. Was also besagt es, wenn ich sage: Gottlos bin ich? Und was hat es zu sagen, wenn ich sage: Voll bin ich von Gott?

»Ein Gottloser
bist du!«
riefen ihm
die anderen
Sträflinge zu,
obwohl sie doch selber
»gottlos«
gescholten wurden.

Er aber war es,
der sich sogar
über sie
überhob.
Jedem Wort,
jedem Blick,
jedem Wink
war das anzumerken.

Gottlos
ist, wer
Menschen
verachtet
und in ihnen
Gott.
Sei kein gottloser
Gott!
Sei
Gottes voll!

Psalm 36,2b:
Gottlos zu sein, bin ich gesonnen.
ZÜRICH

Ich bin entschlossen zum Bösen.
EINHEIT

Hunger

Psalm 37

Die Frömmigkeit des Brote-Teilens

Wann sind die Tage des Hungers? Wen erfassen die Tage des Hungers? Schnallt sich der Gürtel des Hungers rund um die Erde täglich enger? »In den Tagen des Hungers werden sie satt.« Und während ich dies schreibe, ist wieder ein Mensch verhungert.

»Die Menschen in Sankt Petersburg sind bessere Menschen als wir«, sagt Ludmilla in Moskau. »Freundlicher sind sie.« »Und warum?« frage ich einigermaßen erstaunt. »Weil sie den Hunger erfahren haben«, gibt Ludmilla zurück. »Weil sie den Hunger gemeinsam erfahren haben. Das war in der Zeit der Leningrader Blockade.« – Daß es Deutsche waren, die den Ring der Blockade zum Verhungern der dortigen Menschen von Tag zu Tag enger zogen, muß sich der Deutsche hinzudenken.

Hunger hat Ursachen. Hunger ist vermeidbar. Wenn die Vernunft des rechten Verteilens wie auch des rechten Förderns wie auch der rechten Hilfe zur Selbsthilfe regiert, wird Hunger vermeidbar und überwindbar. Die Kundigen der »Welthungerhilfe« wie auch von »Brot für die Welt« wie auch der »Caritas« haben das deutlich erkannt und verkündet. – Offenbar war es die Frömmigkeit der Menschen in Leningrad, das, was sie hatten, zu teilen. Offenbar hat sie das freundlicher gemacht. Dadurch wurden sie satt. – Wir haben die Geschichte von der großen Verteilung der kleinen Brote gelesen. Das geschah in Tabgha, dem Ort der Broteteilung Jesu. Das Teilen wirkt Wunder. Das Wunder liegt sogar in unserer Hand.

Du hungerst nach
Brot.
Du hungerst nach
Reis.
Du hungerst,
und sei es nach
Gras.

Du hungerst nach
Arbeit.
Du hungerst nach
Ruhe.
Du hungerst
nach einem tieferen
Sinn.

Du hungerst nach
Lob.
Du hungerst nach
Spaß.
Du hungerst
nach einem gütigen
Wort.

Ich wollte,
ich könnte dir sagen:
Ich mache dich satt.

Psalm 37,19b:
In den Tagen des Hungers
werden sie satt.
ZÜRICH

Und in den Teuerungen
werden sie genug haben.
LUTHER

In Zeiten der Hungersnot
macht er sie satt.
GUTE NACHRICHT

Schmerz

Psalm 38

Die Stimme meiner Verletzlichkeit

Ist es zu wünschen, schmerzfrei zu leben? Bin ich denn ständig auf der Flucht vor dem Schmerz? Werden die Schmerzen entsetzlich sein? Bin ich dann nur noch ein einziger Schmerz? »Und mein Schmerz verläßt mich nie.« – Was ist der Mensch? Das schmerzempfindliche Wesen. Was ist der Mensch? Das schmerzzufügende Wesen. Was ist der Mensch? Das Wesen, das unter Schmerzen gebiert und geboren wird.

Als sei da ein urzeitlicher Fluch am Werk. Als habe gar Gott seine Hand im Spiel. Als müsse die Frau, die gebiert, für Schulden büßen, die sie nie und nirgends beging. Der Mensch hat Lust, sich selber Schmerzen zu schaffen, auch mit der Qual seiner törichten Gedanken. Denn was ist der Schmerz? Er ist der Warner in mir, in meinem Leib, in meiner Seele. Nicht will er sein eine Marter, die hemmungslos quält. Denn was ist der Schmerz? Er ist die Stimme meiner Verletzlichkeit – zugunsten der feinen Gewebe.

Unser Jahrhundert also: Was zeichnet es aus? Daß es fähig macht, Schmerzen über Schmerzen zuzufügen. Daß es unfähig macht, Schmerzen und Schmerzen mitzuempfinden. Auch das Erwachen aus dem Wahn ist ein Schmerz. – Selig sind die Helfenden zur sanften Geburt. Selig sind, die den Sinn empfindlich machen für Schmerzen unter Menschen und Kreaturen. Selig sind, die es verstehen, Schmerzen zu lindern.

Der Dolch,
der sich einwühlt
in den leidenden
Leib.
Es hieß,
die alte Frau
habe geschrien
oben
in ihrem Zimmer, wo
unten
die Menschen vorbeigehen.

Wer teilt
meinen
Schmerz?
Wer teilt ihn so,
daß er sich
aufhebt?
Oder
ist es der Schmerz,
dieser brennende Widerstand,
der mich
im Leben
hält?

»Unter jedem Dach«,
so hatte eine wissende
Mutter gesagt,
»unter jedem Dach
ist ein Ach.«

Psalm 38,18b:
Und mein Schmerz verläßt
mich nie.
ZÜRICH

Und mein Schmerz ist immer
vor mir.
LUTHER

Stets ist mir gegenwärtig
mein Leiden.
BUBER

Reden

Psalm 39

Wenn ich doch geredet hätte

Lange habe ich geschwiegen und nichts gesagt. Dann ergriff ich das Wort. »Da mußte ich reden.« – Denn Reden ist Gold. Reden wird Gold, wenn Schweigen Unheil und Elend verdeckt. Denn wie kam es zum Gasmord an Millionen? Doch durch das große Verschweigen. Sprichwörter kehren sich um im Schritt der Geschichte.

»Erst müßt ihr für die Juden reden, ja schreien. Dann dürft ihr Gregorianik singen.« Dietrich Bonhoeffer, der dies schon früh in die Gewissen redete, wurde noch kurz vor dem Ende des Krieges erhängt. Als er eben noch vor dem sogenannten Ergreifen der Macht im Radio vor dem Verführer warnte, hat man die Drähte der Sendung gekappt. Doch mit ergriffenem Schweigen wurden im Gemeinschaftsempfang die mörderischen Reden des »Führers« und seines Propagandaministers gehört quer durch die Häuser hindurch. Wehe, das Wort des Mords wird hingenommen und die verhängnisvolle Hetze bleibt unwidersprochen!

Das Reden muß wissen, wann es sich im Nein verweigert oder wann es zustimmt im Ja. Das Reden zieht mit sich das ihm entsprechende Tun. – Wenn aber die Rede mit zynischer Werbung den Markt anheizt und verdrängt, was sie den Kunden antut? Wenn sie wohlwissend die schlimmen Folgen verdeckt um der Profite willen? Wenn sie am Lenkrad sich täglich leichtsinnig beschwichtigt? – Da mußte ich reden mit mir. Da mußte ich mit mir selber bereden, was ich rede, das heißt: was ich zu sagen habe.

Gewaltig
klang
seine Rede.
Denn der Gewalt
sagte er
ab.

Selbst Felsen
zerbrach
ihre Rede.
Denn den Ritzen
ließen sie
Keime entsprießen.

Ein Traum
entstieg
seiner Rede.
Denn er hatte
die Kraft
der Vision.

Jesus.
Die Propheten.
Martin Luther King.
Das Leben lebt sich heraus
im freien Mut
ihrer Rede.

Psalm 39,4c:
Da mußte ich reden.
ZÜRICH – EINHEIT

Da sprach ich mit eigener
Zunge.
ZÜRICH '96

Schlamm

Psalm 40

Versinken und auftauchen

Wie kannst du das Wort »Schlamm« wählen, sagte ich mir. Schlamm ist doch nur Dreck. Und Dreck ist verächtlich. »Er zog mich ... aus tiefem Schlamm.«

Ich entsinne mich, daß ich als Kind in dem Dorf, in dem ich aufwuchs, an einer Wegkehre nach einem die weiche Erde wegschwemmenden Gewitter bis an den Bauch, ja bis an die Brust im Schlamm versank. Das ist eine elementare Erfahrung, die lebenslang vorhält. – Später, in Ungarn, stand ich im nächtlichen, von Grundwasser getränkten Schlamm, als im Hagel der Granaten der Strumpf an den Fuß anfror. – Und am Ende, das kommen mußte, folgte auf einer tschechischen Landstraße der Sturz des erschöpften Körpers kopfüber vom Wagen. Auftauchend umfaßte die Hand etwas Schwarzes. Es erwies sich – handtellergroß – als eine verlorene, gänzlich verdreckte Bibel mit dem Neuen Testament und den Psalmen, die ich noch heute besitze. Darin steht geschrieben: »Er zog mich ... aus tiefem Schlamm.« – Jede und jeder hat wohl Lebenserfahrung mit »Schlamm« gemacht.

Wo doch Schlamm etwas Gutes ist. Die feuchte Erde, die von feuchtem Dreck triefende Erde birgt eine Fülle von Leben und sogar eine Leben fördernde Energie. Ein Schlammbad müßte man nehmen bis an den Hals. So erweist sich der Schlamm nicht nur als schlimme Metapher. Der wahre Schlamm heilt.

Schlammschlachten
liefern sie sich.
Sie greifen tief
in den Kot.
Eine Lust
haben sie,
sich zu beschmutzen
und zu besudeln
vom Kopf bis zum Fuß.
Sie machen sich unkenntlich
und verunzieren sich
zu wandelnden
Schlammgestalten,
als warteten sie
auf den erlösenden
Guß.
Kommt,
meine Menschenkinder!
Ich spüle euch
frei.
Meine Lust habe ich daran,
meine Wasser über euch
auszuschütten.
»Jeder Regentropfen sei euch
ein Kuß
des Himmels.«
Es schimmert
die eben noch
schlammverkrustete
Haut.

Psalm 40,3a:
Er zog mich aus ... tiefem Schlamm.
ZÜRICH

Er zog mich herauf ... aus Schlamm und Morast.
EINHEIT

Hoch zog er mich ... aus dem Moorschlamm.
BUBER

Es nestelt
sich.
Es umschwingt.
Es rankt sich
ein.
Es erfindet sich
neu.
Es hat Lust
am Verändern.

Schon
als kleinem Kind
spielten sich
mir
Figuren des Lebens
farbenreich
zu.

Die Windung:
ist sie nicht
schön?
Aber der Fuß:
ist er nicht
bedroht?
Doppelt bedroht
durch den morschen
Holzrost.

Klagt nicht
die Schlange
an!
»Schlangenhaft«
ist
einzig der Mensch.

Eine Ringelnatter
sah ich
schwimmen.
Königlich
mit erhobenem
Haupt
schwamm sie
im endlich
sich schlängelnden
Bach.

Schwach

Psalm 41

Von den Stärken der Schwäche

Wir haben das Wohl bei den Starken gesucht. Es gab ein Prahlen der Kraft. Es galt der niedertretende Stiefel. – »Wohl dem, der sich des Schwachen annimmt!« Wohl dem, der weiß, daß er selber schwach wird. Wohl dem, der sich seiner Schwäche nicht schämt. – Das biblische Lied setzt sich in Gegensatz. Die Hochfahrenden unterläuft es. Es singt die im Dunkeln ins Licht.

Immer, wenn ich in die Stadt gehe, komme ich am Haus der »Lebenshilfe« vorbei. Ich sehe die Gesichter, wie sie lachen und weinen. Ich spüre das starke inwendige Leben in denen, die man als schwach hinstellt. – Wer maßte sich damals an, zu bestimmen, was schwach ist? Wer unterfing sich, den Schwachen nach dem Leben zu trachten? Wer brachte die Rede vom »lebensunwerten Leben« auf? – Und schon wird erneut auf den puren Nutzen kalkuliert, den Nutzen wessen und wofür? Das Wort von den angeblich Nutzlosen, den Nutzlos-Gewordenen oder den Nutzlos-Gemachten, rutscht rasch aus dem Mund. »Wir haben den Nutzen des Nutzlosen verlernt«, sagt einer mit Einsicht (Erwin Chargaff). Wir könnten auch sagen: Wir übersehen die Stärken der Schwäche.

Welche Wellen des Helfens gehen von Eltern mit »schwächeren« Kindern aus! Welche Chancen des Lernens stellen sich ein in Gruppen, in denen »Starke« und »Schwache« sich mischen. Welche heilsame Einsicht überkommt mich, wenn ich erkenne, daß ich im feinen Empfinden der stärker Behinderte bin.

Selig der Schwache.
Denn er hat
die andere Stärke.

Selig der Schwache.
Denn er spürt,
welcher Geist herrscht.

Selig der Schwache.
Denn er trumpft
nie gewaltsam auf.

Selig der Schwache.
Denn er hält
sein Gesicht ins Licht.

Selig der Schwache.
Denn er ist
der Ansatzpunkt Gottes.

Selig der Schwache.
Denn er entlarvt
die verächtlichen Verachter.

Selig der Schwache.
Denn er wird
zum Prüfstein der »Starken«.

Psalm 41,2a:
Wohl dem, der sich des Schwachen annimmt.
ZÜRICH

O Glück dessen, der auf den Schwachen bedacht ist.
BUBER

Lechzen

Psalm 42

Es ist ein Geschrei nach Leben

Wir werden überflutet von Tönen. Wir werden umdrängt von Bildern. Und doch werden wir grenzenlos leer. »Wie der Hirsch lechzt an versiegten Bächen, also lechzt meine Seele, o Gott, nach dir!« – Denn Gott ist mir die wirkliche Fülle. Nach ihr lechze und dürste und verlange ich in diesem und in jedem Augenblick, auch wenn ich das Wort »Gott« nicht gebrauche.

Aber wer spricht noch von »Lechzen«? Wir haben dieses wie andere Wörter vergessen. Ein abgestorbenes Wort scheint es zu sein. Und abgestorben scheint auch, wonach wir lechzen könnten. – Es ist doch alles egal! Es ist doch alles gleich! Es ist doch alles so flach und so oberflächlich!

Aber der Hirsch schreit. Und auch der Mensch schreit. Schon gleich nach der Geburt schreit das winzige Kind. Und in all dem Geschrei ist ein Lechzen nach Leben. Wer lechzt, hat ein inständiges Verlangen. Wer lechzt, hofft. Das Bachbett ist zwar jetzt ausgetrocknet. Das Wasser ist versiegt. Die Steine liegen kahl da. Wer aber lechzt, streckt sich aus auf das kommende Naß, und sei es ein Rinnsal, und sei es ein Bach, und sei es ein Fluß, und sei es ein Strom. – Es mag auch Verzagtheit sein im Lechzen. Die Angst lechzt mit. Das Lechzen kann dem Röcheln sehr nahe sein. Da versagen die Apparaturen. Das faßt kein Meßgerät. Das bricht sich aus dem unerfaßlichen Untergrund Bahn. – So werdet wie die winzigen Kinder. Behaltet das Geschrei nach dem Leben bei. Lechzt nach dem Leben, und es kommt zu euch.

Es ist ein Lechzen,
es ist ein Hecheln,
es ist ein ängstliches Atmen
in der Welt.
Den ich gestern
am Abend
am Telefon sprach:
Er röchelte fast.
Er lechzte danach,
seine singende Stimme
wieder
zurückzugewinnen.
Der Krebs
in der Lunge
hat ihm den Klang
geraubt.
Sein Hoffen
lechzt
nach dem klaren
Atem.
Wie ein Versinkender
trinkt er die frische Luft,
daß sie ihn aufwärts
trägt.

Psalm 42,2:
Wie der Hirsch lechzt an versiegten Bächen, also lechzt meine Seele, o Gott, nach dir.
ZÜRICH

Wie der Hirsch schreit nach frischem Wasser, so schreit meine Seele, Gott, zu dir.
LUTHER

Wie die Hinde lechzt an Wasserbetten, so lechzt meine Seele, Gott, nach dir.
BUBER

Harfe

Psalm 43

Große Spannung, zarter Klang

Als sei mir die eigene Stimme nicht genug. Als bedürfe es noch eines Instruments, eines kunstreich gestalteten gar, das mir Ausdruck verleiht. Als verlange die Freude des Daseins, die über mich kommt, einen Widerklang, den die tastenden, greifenden, spielenden Finger auslösen. »Laß mich jubeln und auf der Harfe Dich preisen, Du, mein Gott!«

Leider kann ich nicht Harfe spielen. Das habe ich verpaßt. Sie ist mir ein unerreichbares Instrument. Oder hat doch ein jeder Mensch seine Harfe, als sei sie die schwingende Saite in seinem Herz, wenn die Hand leicht darüber hinstreicht? – Groß erscheint die Harfe in ihrem Rahmen und zart im Klang ihrer Saiten. Wie kann ein so groß Gespanntes so feine Töne erzeugen? Niemand ist so ungefüge, um nicht behutsam sein zu können! Und dann und wann ein wie von Hauch erzeugter Ton. – Sei deine Harfenistin, sei dein Harfenist. Der Mensch und zumal der Mann hat sich lang geprägt als schwertertragendes Wesen. Ein harfentragendes Wesen zu sein, stünde ihm gut. Das wurde in seiner Bestimmung bisher übersehen. Noch längst nicht hat die Harfe das Schwert überholt.

Stellt Harfen her oder der Harfe Ähnliches. Werdet Spielerinnen und Spieler der Harfe. Werdet Hörende des Harfenspiels. Vielleicht, daß Töne nähren. Vielleicht, daß der Rechenmeister zu singen anfängt. Vielleicht, daß die Aufmerksamkeiten sich wandeln. – Und längst ist noch nicht ausgemacht, was schließlich zu meiner Harfe werden wird.

Die Harfe
paßt
zum Psalm.
Der Psalmensänger:
Was ist er
anderes
als ein Harfenspieler,
auch wenn er
die Harfe entbehren
muß?
Alle Saiten
seines Seins
bringt er
zum Klingen.
Ihm wachsen
Flügel
zu,
und er lauscht
auf den zartesten
Klang,
als habe er sich
auf die »Harfe«
tief
in ihm selber
ganz und gar
eingestimmt.

Psalm 43,4b:
Laß mich jubeln und auf der
Harfe dich preisen.
ZÜRICH

Und Dank sage dir auf der
Leier.
BUBER

Scham

Psalm 44

Vom Schutzgefühl

Ich wollte vor Scham in den Boden versinken. Mir schießt die Schamröte ins Gesicht. »Und Scham bedeckt mein Angesicht.« Ich habe mich vertan. Dessen schäme ich mich.

Die Scham ist ein Schutzgefühl. Sie will die eigene Blöße geschützt wissen. Sie verwahrt sich dagegen, die Blöße des anderen Menschen anzutasten. Sie umschützt die Verletzlichkeit und wird zu deren zartem Zeichen. Auch erscheint sie als Mahnerin zu wechselseitiger Achtsamkeit. Im innigen Umgang achtet sie darauf, daß dieser in Liebe geschieht. – Auch widerstrebt es der Scham, Innerstes preiszugeben – etwa dem Urteil von Verständnislosen oder Feindlichgesonnenen. Sie kehrt sich ab vor dem rohen Gelächter. Wiederum lasse ich schamhafte Zurückhaltung fahren, wenn meiner Überzeugung Gefahr droht. Ich schäme mich meines Glaubens nicht und versuche, ihn in seinen Folgen und Folgerungen zu bewähren.

Anlaß zur Scham gibt nicht nur der einzelne Mensch. Anlaß zur Scham gibt auch das ganze Volk. In unserem Volk begann man, von Kollektivscham zu sprechen, von gemeinsamer Scham. Dies wurde als heilsame Rede empfunden. Wieder gut machen wirst du es nie. Also gehe hin und mach' es wieder gut. So etwa denkt und handelt zum Beispiel die »Aktion Sühnezeichen«. Meist junge Menschen helfen an Leib und Seele Verletzten und bauen Zerstörtes wieder auf. Solche aktive Scham, die ohne Scham öffentlich hintritt und wirkt, braucht die jetzt anbrechende Zeit.

Wenn ich daran denke,
was durch Deutsche
Juden und Russen
und Roma geschah,
dann schäme ich mich,
Deutscher zu sein.

Wenn ich daran denke,
was durch Europäer
Afrikanern und Amerikanern
und Australiern geschah,
dann schäme ich mich,
Europäer zu sein.

Wenn ich daran denke,
was durch Menschen
Tieren und Pflanzen
und der ganzen Erde geschah,
dann schäme ich mich,
Mensch zu sein.

Aber vielleicht hat die Scham
eine Kraft in sich,
bis in den Grund
des Verhaltens hinein
dieses Leben ganz ohne Scham
zu ändern.

Psalm 44,16b:
Und Scham bedeckt mein Angesicht.
ZÜRICH

Und das Gesicht brennt uns vor Scham.
GUTE NACHRICHT

Die Schamröte meines Antlitzes hüllt mich.
BUBER

Anmut

Psalm 45

Eine eigene Weise von Mut

Mut ist geboten. Aber auch Anmut ist wünschenswert. Anmut gibt dem Mut einen heiteren Schwung. »Mein Herz wallt auf von anmutiger Rede.« Mein Sinn ist in heller Bewegung. Mich ergreift eine Leichtigkeit.

Am Morgen – beim Gang um die Ecke – winkte mir unversehens jemand zu. Und ein leichtes Lachen war auch dabei. Das löst aus noch müder, womöglich mürrischer, Beschwernis. Die Anmut will auch in den Niederungen des Alltags heimisch werden. – In hohen Zeiten erhält die Anmut eine festliche Gebärde und ein festliches Gewand. Dies geschieht gewiß bei der Hochzeit. In der Hochzeit krönt sich die Anmut, und die Braut ist die Anmutige schlechthin. – In russischen Kirchen sah ich, wie die Liturgie des Hochzeitstages verlief als ein anmutiges Spiel des Lichts. Die Brautleute hielten brennende Kerzen in der Hand. Über ihren Häuptern wurde je eine Krone von einer Frau oder einem Mann aus der Verwandtschaft gehalten. Daß die beiden einander anmutig seien. Daß ihr gemeinsamer Weg nicht zur Zumutung wird. Daß etwas Festliches auch ihrem Alltag erhalten bleibt.

Auch sah ich einen sehr alten Menschen mit Würde und zugleich mit Anmut und geradezu elastisch vor einen Kreis von Versammelten treten.Das war eine Jahrhundertgestalt: Alexander Solschenizyn. Den Gulag, dieses knochen- und seelenzerbrechende Straf- und Arbeitslager, hatte er beschrieben und selber erlitten. Jetzt erwies sich an ihm, daß eine Anmut des Widerstehens möglich sei.

Nichts
unterscheidet sich
von der Brutalität
des Krieges
schroffer
als die Anmut
des Friedens.
Nichts
setzt sich
dem Takt
der Arbeit
schärfer entgegen
als die Anmut
des Spiels.
Nichts
widerspricht
dem Dröhnen
des Gleichschritts
entschiedener
als die Anmut
des Tanzes.
Nichts
hebt sich
vom Druck
des Herrschgebarens
deutlicher ab
als die Anmut
des Saitengesangs.

Psalm 45,2a:
Mein Herz wallt auf von anmutiger Rede.
ZÜRICH

Mein Herz fließt über von froher Kunde.
EINHEIT

Mein Herz dichtet ein feines Lied.
LUTHER

Von guter Rede summt mir das Herz.
BUBER

Erstaunlich

Psalm 46

Gegen alles Erwarten

Dem Menschen ist es eigen, daß er staunen kann und voll Staunens schaut. Gott ist es eigen, daß er Erstaunliches bewirkt: »Geht hin und schauet Seine Werke, der Erstaunliches geschaffen auf Erden, der den Kriegen steuert bis ans Ende der Welt, der den Bogen zerbricht, den Speer zerschlägt und die Schilde im Feuer verbrennt.«

Gott schürt Kriege? Erstaunlich ist, daß er »den Kriegen steuert« – sogar »bis ans Ende der Welt«. Gott spannt den Bogen der großen Nation? Erstaunlich ist, daß er »den Bogen zerbricht«. Gott macht sich zur Speerspitze des Kreuzzugs? Erstaunlich ist, daß er »den Speer zerschlägt«. Gott rechtfertigt die hochgerüstete Verteidigungsmacht? Erstaunlich ist, daß er »die Schilde im Feuer verbrennt«. – Wir fallen von einem Erstaunen ins andere: Wenn das Denkmal des roten Idoles stürzt. Wenn der Gefangene der Apartheid hervortritt als Versöhnergestalt. Wenn im gottlos verordneten Staat das Montagsgebet erklingt. Wenn eine Revolution mit Fug und Recht sich die samtene nennt. Allmählich begreifen wir vielleicht: Das von Gott her Erstaunliche gewinnt eine bestimmte Richtung.

Laß mir, o Gott, den Grund zum Staunen nicht ausgehen. Denn staunen will ich über Erstaunliches. Wehe, wenn mir das Staunen vergeht. Staunen zu können, sei mir die Würze des Lebens.

Zum Staunen
bin
ich
geboren.

Ich staunte
wohl auf,
als ich die Erde
betrat.

Aufstaunen
werde ich wohl,
wenn ich die Erde
verlasse.

Erstaunlich
war jeder Schritt,
den ich auf Erden
ging.

Es war
eine Übung,
das Staunen
nicht zu verlernen.

Denn was ist der Mensch
im günstigsten Fall?
Ein staunendes Wesen
sollte er sein.

Psalm 46,9:
Geht hin und schauet die Werke des Herrn, der Erstaunliches geschaffen auf Erden.
ZÜRICH

Kommt und schaut die Taten des Herrn, der Furchtbares vollbringt auf der Erde.
EINHEIT

Schall

Psalm 47

Zugunsten der leisen Töne

Es erhob sich ein Siegesgeschrei. Es entstand ein ohrenbetäubendes Getöse. »Empor stieg Gott ... beim Schall der Posaune« – Ein Sieg muß gefeiert werden, heißt es. Die Trommel muß gerührt, die Pauke muß geschlagen, die Trompete muß geblasen werden. Laut muß es zugehen und wie ein Feuerwerk weithin hörbar. – Will aber Gott die Siegesfeiern? Gehört er den Triumphierenden zu? Liebt er den lauten Schall?

Laut, lauter, am lautesten läßt sich das Schallen heutzutage hören. Der Schall übersteigert sich zum Überschall. Er betäubt und macht taub. Ein Drittel schon vor allem von jüngeren Menschen erfreut sich nicht mehr des feinen Gehörs. Das ist die Folge der Allmacht der Beschallung.

Von Gott aber hörte ich, Er habe sich dem Schall entzogen. Sein Prophet – Elia – sollte das einmal erfahren. Im orkanartigen Sturm war Er nicht. Im krachenden Beben war Er nicht. Im vulkanischen Feuer war Er nicht. Aber in der eindringlichen Stille machte Er sich gegenwärtig. – In die Stille ging Jesus und betete zu seinem Vater. Das Gehör suchte er unten bei den Verstummten. – Von einer Stimme aus Jerusalem vernahm ich: Wer Frieden will, müsse »nicht nur gegen den Krieg, sondern auch gegen das Siegen sein« (Elazar Benyoetz). Von einer Stimme aus Deutschland vernahm ich: »Der Sieg ist bei den Überwundenen« (Sebastian Franck). Leise Lieder klingen von unten her auf. In ihnen singt sich eine andere Weise des Siegens.

Der lauten Fanfaren
sind wir
leid.
Liebt Gott
denn
all
das Siegesgetön?
Der marschierende
Schritt
ist zum Greuel geworden.
Mir steckt
das Geschmetter des Blechs
noch in den Knochen.
Gott wählt sich
– damals wie heute –
andere Töne.
Kein Eisen
läßt Er wachsen
und kein Bombengedröhn.
Der Schall löst sich auf
wenn Er von den Thronen
herabsteigt.
Von unten
kommt Er
und unerkannt.

Psalm 47,6:
Empor stieg Gott ... beim Schall der Posaune.
ZÜRICH

Gott stieg empor ... beim Schall der Hörner.
EINHEIT

Hoch stieg Gott ...beim Hall der Posaune.
BUBER

Stadt

Psalm 48

Sucht der Stadt Bestes

Alles versammelt sich in der Stadt. Als sei sie das Mark und der Markt. »Groß ist und hoch zu preisen die Stadt unseres Gottes!« Bis sie erobert wurde. Bis der Kanister voll Phosphor und Feuer sich auf sie ergoß. Bis die Mädchen mit schwarz gemachten Gesichtern sich unten im Keller versteckten. – Was erzählt diese Stadt? Wer gräbt ihre Erzählungen aus? Was kann diese Stadt gar von Gott erzählen?

Die Stadt ist der Tiegel, der die Völker mischt und schmilzt. Sie ist eine Brutstätte von Verbrechen. Sie ist der Garten mit Humus für Blüten aller Farben. Sie ist der anwachsend bebaute – auch mit Flüchtlingen gefüllte – Ort, der offen daliegt für das schonungslose Bombardement. – Kain schuf die erste Stadt. Die Töchter und Söhne des Kain sind wahrhaft urban. Sie tragen zum Schutz füreinander das Zeichen des Vaters an ihrer Stirn. – Aber die Stadt ist nicht nur ihres Vaters, des Kain. In einer der großen Städte – es war in Moskau – sah ich auf dem Asphalt mit weißer Kreide geschrieben das Wörtchen MAMA.

Die Stadt birgt. Die Stadt würgt. Die Stadt wirbt. – Und wenn sie den letzten Baum verliert: Pflanzt sie dann Bäume aus Plastik? Und wenn sie nur noch aus Banken besteht: Läßt sie dann die Menschen ihr Geld verspeisen? Und wenn sie den Verkehrsinfarkt erlitten hat: Stellt sie dann das Leben auf die Füße? – Und: wird sie noch oder wieder oder neu geneigt, bereit, fähig sein, sich Stadt unseres Gottes zu nennen – preisend, gepriesen, preisenswert?

Dem Schalom
singe ich
nach.
Das ist der Friede
der Juden.

Dem Salam
singe ich
nach.
Das ist der Friede
der Moslems.

Der Eirene
singe ich
nach.
Das ist der Friede
der Christen.

Höre, o Gott,
die drei Gesänge
des Friedens
und mach' sie
zur Kraft,

den Frieden
im Frieden zu wirken
– hier in Jerusalem,
in der Stadt
Deiner Städte.

Psalm 48.2:
Groß ist und hoch zu preisen
die Stadt unseres Gottes.
ZÜRICH

Der Herr ist mächtig! Rühmt
ihn in seiner Stadt.
GUTE NACHRICHT

Groß ist ER und sehr
gepriesen in der Stadt unseres
Gottes.
BUBER

Teuer

Psalm 49

Etwas bleibt unbezahlbar

Alle reden vom Geld. Als sei alles bezahlbar. Als brauchten sie die Scheine nur hinzublättern. Als hätten sie, wenn sie nur Geld haben, die Sache und sich selber mit allem, was sie sind, sicher im Sack. Als sei gar der Tod ihnen käuflich. »Doch loskaufen kann sich keiner, … zu teuer ist der Kaufpreis für ihr Leben.«

Sind wir denn Billigwaren? Wir sind uns selber unerschwinglich. Wir sind teuer erkauft, wenn wir erkaufbar sind. – Auch der Reichste stirbt. Sein Geld reicht nicht aus. Kein Geld reicht je aus. Das Grab verschlingt es. – Unser Leben ist uns gegeben, um zu suchen, was uns teuer ist. Wie hoch ist der Preis? Was uns teuer ist, bleibt unbezahlbar.

Als ob ich deine Liebe kaufen könnte. Als lasse Vertrauen sich erwerben nach dem Börsenstand. Als sei die Freundschaft eine errechenbare Handelsware. – »Der unbezahlbare Mensch« lautet der Titel eines Buches. Der es geschrieben hat (Eugen Rosentock-Huessy), hat einen jüdischen wie christlichen Lebenshintergrund. Jüdische wie christliche Grundeinstellung ist durchdrungen von der Überzeugung der Unbezahlbarkeit des Lebens. (Obwohl es Situationen gab, in der Bedrohte freigekauft wurden oder hätten freigekauft werden können und müssen.) – Du Teure! Du Teurer! Du mir Unbezahlbare! Du mir Unbezahlbarer! Wir sind einander unverrechenbar.

Du bist
mir
teuer.
Kein Barren Goldes
wiegt
dich auf.

Du bist
mir teuer.
Nie
kann ich dich mit Geld
erkaufen.

Du bist
mir teuer.
Unschätzbar an Güte
erscheint mir
dein Wert.

Du bist
mir teuer.
Als senke sich
die Waage des Lebens
durch dich.

Psalm 49,8a.9a:
Doch loskaufen kann sich keiner ..., zu teuer ist der Kaufpreis für ihr Leben.
ZÜRICH

Kann doch den Bruder gültig abgelten niemand ..., zu teuer ist die Abgült ihrer Seele.
BUBER

Vögel

Psalm 50

Im Namen der Gefiederten

»Höre, mein Volk, ich will reden ... ich, der ich dein Gott bin: Ich kenne alle Vögel des Himmels.« Aber ihr habt die Namen vieler Vögel aus dem Gedächtnis gelöscht.

Ich kenne die Blauracke. Sie ist die schönste aller Rabenarten. Aber ihr habt sie längst ihrer herrlichen Federn wegen in eurem Lande vernichtet. – Ich kenne den Storch. Die Neugeborenen lachen ihm zu. Aber ihr habt ihm die Wiesen seines Watens verdorben. – Ich kenne den Eisvogel. Er gleicht einem fliegenden Juwel. Aber ihr habt ihm die gewundenen Bäche und buchtigen Flüsse begradigt und sterilisiert. – Ich kenne den Birk- und den Auerhahn ebenso wie das Auer- und Birkhuhn. Der Stolz waren sie der einsam gebirgigen Wälder. Aber ihr habt sie mit eurem Lärmen weithin verscheucht. – Ich kenne den Brachvogel und die Schnepfe. Sie wurden zur Zierde der Feuchtgebiete. Aber ihr habt ihnen den Raum, in dem sich ihr Leben bewegt, unter den Füßen weggetrocknet. – Ich kenne den Steinadler und kenne den Seeadler. Ihr tragt ja den Adler anmaßend in eurem Wappen. Aber den Adler in der Natur habt ihr bis auf die letzten Paare verfolgt. – Ich kenne das Blaukehlchen und habe mich an diesem schimmernden Kleinod täglich erquickt. Aber ihr habt diese Art durch die Art eures Lebens ganz an den Rand gebracht.

Lernt die Namen der Vögel, dann kennt ihr sie auch. Wenn ihr die Namen der Vögel lernt, lernt ihr die Namen der Schönheit.

Damit ich den Tag
beschwingt
beginne,
begleite ich morgens
den Flug der Vögel.

Damit der Tag
seinen Klang
erhält,
lausche ich früh
dem Gesang der Vögel.

Damit der Tag
an Erkenntnis
gewinnt,
bestimme ich bald
die Gestalt dieses Vogels.

Damit der Tag
mit den Farben
spielt,
erquicke ich mich
am Gefieder der Vögel.

Die Vögel
habe ich immer
geliebt.
Sie sind ja
die Lieblinge Gottes.

Psalm 50,11a:
Ich kenne alle Vögel des Himmels.
ZÜRICH – EINHEIT

Ich kenne alle Vögel der Berge.
BUBER

Auch die Vögel dort gehören mir.
GUTE NACHRICHT

Sie ist schön,
rufen die Blüten
mit einer Stimme.

Und Eva
in ihr,
die Urgestalt.

Und Mirjam
in ihr
mit dem Tamburin.

Die Mona Lisa
in ihr,
ungründiges Lächeln.

Alle Bräute
aller Zeiten
sind in ihr
geschmückt.

Nun tritt sie
an diesem
Tag
in die Mitte.

Vom Weg der Befreiung
singt er,
von der Straße,
die aus dem Sklavenhaus
ins Offene führt.

Vom Werk der Erschaffung
singt er,
vom Wirken,
das aus dem wüsten Ort
blühende Gärten erweckt.

Vom Ruf der Gerechtigkeit
singt er,
von der Welle des Willens,
die aus den Greueln
zur Menschlichkeit trägt.

Von der Lust zum Frieden
singt er,
vom entschiedenen Drang,
der Waffengewalt
in pflanzende Kraft verwandelt.

Vom Ereignis der Krönung
singt er,
von der großen Erwürdigung,
die aus den Elenden
wahrhafte Könige macht.

Wahrheit

Psalm 51

Augenblicke der Offenbarung

Hat Wahrheit Stufen? Steigen wir zur Wahrheit hinunter wie in einen tiefen Brunnen? »Siehe, an Wahrheit im Innersten hast du Gefallen.«

Vielleicht sind es Augenblicke nur, in denen Wahrheit begegnet, aufscheint, erschütternd das Herz ergreift. Als ich den Freund früherer Jahre im Dorf der früheren DDR traf, saßen wir – es war der letzte Tag meines Aufenthalts – beieinander bis in die Nacht. Den Frust, die Qual der langen Jahre hatte er sich mit Zigaretten in die Lunge geraucht, bis die schwarz war. »Und mit wem kannst du über das Leben reden? Und vor wem kannst du dich aussprechen?« brach es aus ihm heraus. Ich weiß seine genauen Worte nicht mehr. Aber über Stunden war es ein elementares Reden über das Leben und aus dem Leben heraus. »Du«, sagte er plötzlich, »wir werden uns nicht mehr wiedersehen.« Als wir vor die Tür traten, winkte er mir nach, bis ich in der letzten Straßenbiegung verschwand. Wenig später starb er.

Bei einem Denker (Nikolai Berdjajew), der meine Wege begleitet hat, fand ich eine Auffassung von zweierlei Wahrheit. Die eine Wahrheit sei die Wahrheit unbeteiligter Distanz. Das sei die Wahrheit der Mathematik, die dem Verstande objektiv erfaßbar sei. Die andere Wahrheit sei die Wahrheit einer Nähe, die uns mitbeteiligt, in der Mitbeteiligung sich erschließt, mit der ganzen Existenz sich wahrnehmen läßt. Das sei die Wahrheit der Religion. Sie läßt – offenbar auch in Todesnot – ein »inneres Gefallen« finden.

Nicht
ins Beliebige
will ich
versinken.
Ich frage
nach dem,
was wahr ist.

Nicht
im Nebel
will ich
verdämmern.
Mich bewegt
eine klärende
Wahl.

Nicht
ins Ungewisse
will ich
zerfließen.
Erweise Dich,
Gott,
als Wahrheit.

Psalm 51,8a:
Siehe, an Wahrheit im Innersten hast du Gefallen.
ZÜRICH

Siehe, an Wahrheit hast du Gefallen, tief im Verborgenen.
ZÜRICH '96

Lauterer Sinn im Verborgenen gefällt dir.
EINHEIT

Tyrann

Psalm 52

Wider den bösen Selbstruhm

Er schwoll vor Bosheit, er tobte vor Hohn. Aber sie wagten es nicht, den »Führer« einen »Tyrannen« zu nennen. »Was rühmst du dich deiner Bosheit, Tyrann?« – Wann wurde dieser Satz der Psalmen von den Kanzeln oder vor den Altären verkündet?

Der böse Selbstruhm des Tyrannen Hitler lag über Deutschland. Die Geschwister Scholl ließen im Innenhof der Münchner Universität Flugblätter dagegen anfliegen. Heute tragen Straßen und Plätze die Namen der damals Hingerichteten. – Der böse Selbstruhm des Tyrannen Stalin lag über Rußland. Der Dichter Ossip Mandelstam hatte ein kritisches Epigramm verfaßt und wurde dem mörderischen Gulag-Lager überantwortet. Heute wird der Gesang seiner geretteten Verse wie ein Wunder wiederentdeckt. – Der böse Selbstruhm der tyrannischen Generäle und ihrer Todesschwadronen lag über Südamerika. Die mutigen »Madres« – die Mütter – ruhen nicht, bis sie das Schicksal der Entführten aufgeklärt haben.

Als der Pharao mit den Steinen der Knechtschaft sich zum Ruhm Pyramiden erbaute, war das nicht ein Anfang der Tyrannei? Als der Großinquisitor unter dem Vorwand des Mitleids den organisierten Massen die Freiheit raubte, war das nicht ein Endbild von Tyrannei? Und wenn die Macht des Marktes unter dem Schein des Rechts die Reichen bereichert, die Armen aber immer noch weiter verarmen, macht sich dann nicht heute und mitten unter uns eine Tyrannei gegenwärtig, an der wir täglich beteiligt sind?

Die das Zeichen
der Gewalt
an der Stirne
tragen:
Entmächtige
sie!

Die die Geißel
der Vertreibung
über Wehrlosen
schwingen:
Lähme ihnen
den Arm!

Die die Würde
flüchtender Frauen
mit Füßen
treten:
Reiße sie
zurück!

Psalm 52,3a:
Was rühmst du dich der
Bosheit, Tyrann?
ZÜRICH

Was rühmst du dich der
Bosheit, du Held?
ZÜRICH '96

Was rühmst du dich deiner
Bosheit, du Mann der
Gewalt?
EINHEIT

Warum prahlst du mit deiner
Bosheit, du Tyrann?
GUTE NACHRICHT

Gutes

Psalm 53

Kritische Klage der Zeit

In die eigene Tasche wirtschaften sie. Auf Schritt und Tritt wollen sie sich bereichern. »Da ist keiner, der Gutes tut, auch nicht einer.« – Alles fressen sie in sich selber hinein. Keine Hand rührt sich zum Teilen. »Da ist keiner, der Gutes tut, auch nicht einer.«

Sie mästen den Wanst. Sie verlachen die Hungergestalten. »Da ist keiner, der Gutes tut, auch nicht einer.« – Sie verjagen das heimische Volk. Sie beuten seine Erzgruben aus. »Da ist keiner, der Gutes tut, auch nicht einer.« – Sie drosseln die Autos nicht ab. Sie versprühen Stickstoffgemische. »Da ist keiner, der Gutes tut, auch nicht einer.«

Sie leiten die Abflüsse ein. Sie bringen die Flüsse zum Kippen. »Da ist keiner, der Gutes tut, auch nicht einer.« – Sie streicheln ihr Kapital. Sie treten die Schuldner mit Füßen. »Da ist keiner, der Gutes tut, auch nicht einer.« – Sie versagen sich allem Dank. Sie betreiben höhnisch das Ihre. »Da ist keiner, der Gutes tut, auch nicht einer.«

Wenn das Gute
tief unten lagert:
Gib uns
die Kraft,
es auszugraben.

Wenn das Gute
sich gänzlich entzieht:
Gib uns
das Wort,
es hereinzurufen.

Wenn das Gute
sich böse gebärdet:
Gib uns
den Griff,
es umzuwandeln.

Wenn das Gute
sich in uns rühmt:
Gib uns
den Sinn,
es zu ernüchtern.

Wenn das »Gute«
die »Bösen« verurteilt:
Gib uns
den Mut,
sie mitzuverantworten.

Psalm 53,2c:
Keiner ist, der Gutes tut.
ZÜRICH

Keiner ist, der Gutes
noch tut.
JERUSALEM

Da ist keiner, der Gutes tut.
EINHEIT – LUTHER

Erhören

Psalm 54

Das Wunder des offenen Ohrs

Wir neigen dazu, aufeinander einzureden. Wir tun uns schwer, einander zuzuhören. Ist es denn selbstverständlich, bei Anderen Gehör zu finden? »O Gott, erhöre mein Gebet, vernimm die Rede meines Mundes!«

Ganz unversehens war ich in den Kreis der Trauernden hineingekommen. Ihren Vater betrauerten sie, der mein Freund war seit Zeiten der Kindheit. Aber sie, die Kinder und jüngeren Anverwandten, kannte ich kaum oder gar nicht. Die schwere Grenze hatte uns getrennt. Jetzt war ich mitten unter ihnen und begann, ihnen zuzuhören. Und sie begannen, mir zu erzählen. Indem ich ihnen zuhörte – gesammelt, zugewandt, intensiv –, hob sich das Fremde zwischen uns auf. Später sagten sie: Es sei ein Wunder, wenn heutzutage jemand zuhört, lange und offen zuhört, und zumal aus dem anderen Teil unseres gemeinsamen Landes. »Fromme Worte« gebrauchte ich nicht. Aber vielleicht haben sie gemerkt, daß ich glaube an den zuhörenden Gott, der zum Zuhören befähigt.

»Erhören«, das scheint mir zu sein: aufmerksam, hingegeben, wirklich »interessiert« zu hören. Was ich höre, nehme ich in mir auf und bewege es in mir. Der Mensch, den ich höre und darin erhöre, kann sich in mir aufgehoben wissen. Welche Lebenswege, welche Schicksale, welche Schmerzen und welche Freuden! Als sei eine Kultur des Zuhörens in hohem Maße geboten. Gleichnishaft mag sie sein für die Weise Gottes.

Durch die Stadt
bin ich gegangen.
War da ein Anruf?

Ein Gesicht
habe ich gesehen.
War da ein Anruf?

Eine Nachricht
habe ich gelesen.
War da ein Anruf?

Eine Erinnerung
ist zu mir gekommen.
War da ein Anruf?

Eine Gestalt
ist ins Dunkel geflüchtet.
War da ein Anruf?

War da ein Anruf,
ein Ruf? »So hör doch
auf mich! Erhöre mich!«

Psalm 54,4:
O Gott, erhöre mein Gebet
vernimm die Rede meines
Mundes.
ZÜRICH - LUTHER

Ich bete zu dir, Gott, höre
mich.
GUTE NACHRICHT

Gott, höre mein Gebet,
lausche den Sprüchen meines
Munds!
BUBER

Klage

Psalm 55

Anklagendes Klagen

Manchmal ist die Klage ein Raum, den ich brauche. Die Klage ist dann wie ein Auslauf der Trauer. »Ich irre umher in meiner Klage.« – Immerhin ist die Klage ein Haus oder doch eine Kammer. Selig sind, die noch klagen können. Sie sollen Raum dafür finden.

Wir hatten die Zeit der Klaglosigkeiten. Da war der schmale und bleiche, der hart zusammengepreßte Mund. Da war die wegkommandierte Trauer. Da war die Schulung zur Unterdrückung der Klage und zur Klageunfähigkeit. – Ich hörte von einem deutschen Gelehrten, der war begeistert vom Krieg. Er hatte einen Sohn. Als der Sohn fiel, rühmte der Vater sich seines im Kriege gefallenen Sohns.

Sind die Frauen das Geschlecht, das vor allem klagen kann? Sind die Männer vor allem darauf beschränkt, Beklagenswertes zuzufügen? – Die Mütter, gewiß, sind die Meisterinnen der Klage. Sie haben den Klageaufstand geprobt. Sie irren nicht mehr in ihrer Klage umher. Ihr Klagen gewinnt Richtung und Ziel. – Wir sehen die klagenden Mütter von Argentinien. Sie liegen den Machthabern wegen der abgeholten Männer und Söhne in den Ohren. Wir sehen die russischen Soldatenmütter. Sie zogen nach Tschetschenien, bis sie die gefangenen Männer und Söhne fanden. Wir sehen die Frauen und Mütter in Istanbul. Ihre Klage klagt an – wegen der Folter, wegen der Strafhaft, wegen Verbrechen gegen die Rechte des Menschen. Die Welt bedarf fortdauernd des durchdringenden Klagegeschreis. Die Taubheit muß weichen.

Es ist ein Klagen
in der Welt.
Hörst du
das Stöhnen?
Zittern die Saiten
mit?
Erheben sich
die Flügel
der Herzen?

Horch:
der Gesang
schwillt an.

Die Stimmen
klagen
im Chor.
Sie dringen bis
an die Grenzen
des Leids.
Sie erflehen
die große
Wandlung.

Psalm 55,3b:
Ich irre umher in meiner Klage.
ZÜRICH

Unstet schweife ich umher und klage.
EINHEIT

Erhöre mich, wie ich so kläglich zage und heule.
LUTHER

Die Sorgen drücken mich nieder, ich finde keine Ruhe mehr.
GUTE NACHRICHT

Ich streife mit meiner Klage umher.
BUBER

Träne

Psalm 56

Protest des Empfindens

Wer hielte je eine Träne auf? Wer ließe je eine Träne innehalten? »Meine Tränen hebst du bei dir auf.« Wo doch die Tränen unaufhaltsam strömen und einfach davonfließen. Nur fließen sie nicht ins Endlose fort. Ein Platz ist da, der ist tränengetränkt.

Doch Tränen sind keine bloßen Tropfen. Tränen sind Kristalle von Schmerz. Tränen sind Ausgeschwemmtes von Leid. Wird da ein Damm gegen übermäßige Ausschwemmungen des Leids gebaut? – Ist Gott ein Tränensammler? Ja, Gott ist schmerzempfindlich. Wo die schmerzempfindlichste Stelle ist, da ist Gott. Die Empfindlichkeit Gottes ist es, die oft im Denken über Gott übersehen wird. »Meine Tränen hebst du bei dir auf.«

Die Träne ist es denn, an der der empfindende Mensch sich für oder gegen Gott entscheidet. Iwan Karamasow tut dies zum Beispiel, eine Hauptgestalt in Dostojewskijs gewaltigem Roman »Die Brüder Karamasow«. Und wenn ein einziges unschuldiges Kind auf der Welt eine Träne vergießt, gebe ich meine Eintrittskarte – in diese Welt – zurück. Das erklärt der sonst eher nüchterne und spröde und Abstand haltende Iwan. – Oder erwacht der Tränensammler? Oder erhebt sich der Tränenprotest? Oder springt der Funke über zum einen gemeinsamen Werk: endlich die Tränen einzudämmen?

Ich glaube,
daß kein Mensch
und kein Geschöpf
und kein Ding
ohne Tränen ist.

Ich glaube,
daß unsere Arbeit,
darin bestehen muß,
ein Übermaß an Tränen
zu verhüten.

Ich glaube,
daß jedes Wesen
eines Flusses oder Sturzes
seiner Tränen
zur Entlastung bedarf.

Ich glaube,
daß die Kraft,
in der sich unser Sehnen
erfüllt, einst
alle Tränen abwischt.

Psalm 56,9b:
Meine Tränen hebst du bei dir auf.
ZÜRICH

Meine Tränen sind verwahrt bei dir.
ZÜRICH '96

Sammle meine Tränen in einem Krug.
EINHEIT

In deinen Schlauch tu meine Träne.
BUBER

Morgen

Psalm 57

Die nicht zu versäumende Frühe

Der Morgen überschüttet mit Licht. Und was geht ihm voraus? Der Morgen des Morgens! In ihm wird der Morgen geweckt. »Wecken will ich das Morgenrot!« Er reckt und streckt sich, der rote Morgen, und mit jeder Bewegung wirft er Bündel von Sonne über die Erde. Die Sonne lacht und gönnt dem Morgen seine lichte Begeisterung. Begeistert sollt ihr den Tag beginnen. Der Morgen macht es euch vor.

Der Tag beginnt. Das ist der Morgen des Tages. Das Jahr beginnt. Das ist der Morgen des Jahres. Das Jahrhundert beginnt. Und gar das Jahrtausend beginnt. Das ist der Morgen des Jahrhunderts und des Jahrtausends. Diesen Morgen erleben wir. – Die Hoffnung aber ist das Kind des Morgens. Sie entspringt dem Morgen, steigt mit der Sonne und zieht nach oben im Bogen die Bahn.

Biblischer Glaube ist Glaube des Morgens und seiner Röte. Es werde Licht! Der Schöpfer weckt den Morgen des Kosmos. Es werde Recht! Die Propheten wecken den Morgen der menschlichen Welt. Es werde Heil! Der Bringer des Heils weckt den Morgen der heilenden Kräfte des Lebens. – Ich traure, wenn ich zu spät bin, um den Morgen zu erleben. Ich traure um all die versäumten Morgenfrühen meines Lebens und um die Wachheit, die sich mit ihnen verbindet. Wiederum freue ich mich um so mehr auf den Morgen des morgigen Tages. Und ich weiß: In dieser Freude bin ich sogar dem morgigen Morgen voraus.

Psalm 57,9c:
Wecken will ich das Morgenrot!
ZÜRICH

Mit der Frühe will ich aufwachen.
LUTHER

Denn heute will ich die Sonne wecken!
GUTE NACHRICHT

Ermuntern will ich das Morgenrot.
BUBER

Früher
als
früh.
Wenn
der Morgen
noch
schläft.
Wecke
ihn
auf!
Der erste
Strahl
aus
seinen
Augen
wird
dich
treffen.
Was
noch
niemandem
gelang:
Du hast
den Morgen
wach
gemacht.

Recht

Psalm 58

Die beharrliche Kraft des Fragens

Es wird ein Fragen wach. Es geht ein Zweifel um. »Sprecht ihr in Wahrheit Recht, ihr Gewaltigen?« – Wäre doch das Fragen nach dem Recht noch vor dem großen Unrecht erwacht in unserem Lande. Hätte doch der Zweifel das Feld der Parteien und Parolen bis in den Grund über- und unterpflügt. Warum hat der Sinn für das Recht den Verbreiter des Unrechts nicht an der Gewaltergreifung gehindert? »Sprecht ihr in Wahrheit Recht, ihr Gewaltigen?«

Das Unmaß des Unrechts liegt in der Rückschau am Tag. Als gebe es »lebensunwertes Leben«, das zu beseitigen ist. Als bestünden mindere Rassen, die zu zertreten sind. Als seien Herrenmenschen zu züchten, die alles sich unterwerfen. – Einer Politik bedarf es, die die Taten der Gewalt beharrlich fraglich macht. Eine Politik ist gefragt, die Zweifel verbreitet an den Anmaßungen der Macht. Eine Politik ist vonnöten, die den Menschen zu ihrem Recht verhilft. – Und was ist das Recht der Menschen? Daß sie unversehrt und wohlgeachtet leben. Daß sie ausreichend essen und wohnen. Daß sie beschäftigt sind und wissen: Wir sind frei und nehmen teil. Wir wirken mit am Ergehen aller.

Der Gesang der Psalmen hält die Frage wach nach Charakter und Art der Machthaber und der Gewaltigen. Unablässig fragt er nach dem rechten Maß und rechten Ton. Unbeirrbar ergreift er Partei für die, die Gewalt erleiden. Unerschrocken besingt er die Unbeugsamkeit des Rechts.

Gewaltig
fragen
die Hungernden
die Gewaltigen:
Wer macht uns satt?

Gewaltig
fragen
die Armen
die Gewaltigen:
Wer hilft uns auf?

Gewaltig
fragen
die Landlosen
die Gewaltigen:
Wer gibt uns Land?

Gewaltig
fragen
die Vertriebenen
die Gewaltigen:
Wer nimmt uns auf?

Gewaltig
fragen
die Rechtlosen
die Gewaltigen:
Wer schafft uns Recht?

Psalm 58,2a:
Sprecht ihr in Wahrheit
Recht, ihr Gewaltigen?
ZÜRICH

Sprecht ihr wirklich Recht,
ihr Mächtigen?
EINHEIT

Ihr Mächtigen, ist euer Urteil
wirklich gerecht?
GUTE NACHRICHT

Treulich: redet ihr,
Gottwesen, Wahrspruch?
BUBER

Blutmensch

Psalm 59

Es gibt Kinder von Tätern

Was durchfließt denn den Menschen, wenn nicht sein Blut? Blutmensch aber ist, wer das Blut anderer Menschen fließen läßt. »Und hilf mir gegen die Blutmenschen.« – In manchen Ländern, leider auch in unserem und gerade in ihm, traten Blutmenschen in schwarzer Uniform auf. Ein Schrecken ging ihnen voraus. Der Blutmensch verhielt sich als Unmensch. Wie kann ein Mensch sich in das Gegenteil eines Menschen verkehren?

Die mit Gewehren auf Wehrlose schossen, die an Sonderkommandos und an Erschießungen sich beteiligt hatten: Was haben sie danach mit ihren inneren Augen, die doch durch die äußeren Augen alles sahen, geträumt? Was sagten sie dann zu Hause ihren Kindern, als die zu fragen begannen? – Kinder gibt es von »Tätern«, wie man sie nennt, oder von »Blutmenschen«, wie es im Psalm heißt. Sie wurden erwachsen und begannen, wachsam zu fragen. Die Fragen der Söhne wie auch der Töchter graben nach den Taten der Väter. Täterkinder, so heißt es, seien eingewiesen worden in Heilanstalten, weil ihnen der Gedanke, Kind eines »Täters« zu sein, unerträglich geworden war.

Alles Kostbare, das uns am Leben erhält, durchfließt uns im Blut. Wie kann ein Mensch, der sein eigenes Blut an den Schläfen pochen hört, zum Blutmenschen werden?

Welch Fortschritt!
Welch bestialische
Grausamkeit!
Die Blutmenschen
sind unter uns.

Welch Zivilisation!
Welch hemmungslose
Erbarmungslosigkeit!
Schwangere Frauen
werden umgebracht.

Welch Abendland!
Die Sonne geht
unter
über frisch aufgeschütteten
Massengräbern.

Welch Hochtechnisierung!
Der Laser verfehlt
das »sichere Ziel«.
Kein Waffensystem
wäscht die Hände in Unschuld.

Welch Weltgemeinschaft!
Ein Schrei des Entsetzens
geht um die Erde.
Der Friede kommt aus
dem Jenseits der Bomben.

Psalm 59,3b:
Und hilf mir gegen die
Blutmenschen.
ZÜRICH

Und hilf mir vor den
Mördern.
ZÜRICH '96

Beschütze mich vor meinen
Gegnern.
EINHEIT

Und hilf mir von den
Blutgierigen.
LUTHER

Befreie mich vor den
Männern der Bluttat!
BUBER

Hilfe

Psalm 60

Übungen des genialen Organs

Der Hilfe muß geholfen werden. Von hilflosen Helfern wird gesprochen. »Eitel ist ja Menschenhilfe.« Denn was richtet sie aus? Viel richtet sie aus, wenn sie richtig ansetzt. Hilflose fassen Mut, wenn sie angeleitet werden, sich selber zu helfen. »Hilfe zur Selbsthilfe« heißt der hilfreiche Grundsatz.

Verhilf mir dazu, mir dazu helfen zu lassen, damit ich mir selber helfen kann. Auch das ist ein Gebet. Mach meine Hand bereit und fähig, der Hand des Hilflosen aufzuhelfen. Laß Hände beweglich werden und ineinander greifen. – Einen Balken reiche ich zu. Einen Brunnen grabe ich aus. Einen Brei rühre ich an. Einen Brief schreibe ich hin – sogar mit der Hand.

Unwetter und Naturkatastrophen häufen sich. Hat da der Mensch die Hand im Spiel? Erdbeben lassen Häuser und Hütten einstürzen. Stürme knicken Bäume und Masten um. Wassermassen schwemmen Dämme und Brücken weg. Soforthilfe ist not. Das Menetekel »Tschernobyl« steht an der Wand. – Aber Katastrophen, von Menschen verursacht, brechen auch über die Schwächsten herein, über die Kinder. Zeichne die Gegenden dieser Erde auf, in denen Kinder zu Hungerlöhnen arbeiten müssen und ihre Kindheit verlieren. Rührt die Hände und Hirne zum Hilfswerk für Kinder. Zum Beispiel den Teppich verweigern, den Kinder knüpften. Zum Beispiel den Teppich kaufen mit der Unbedenklichkeitsmarke. Zum Beispiel Hilfswerken helfen, den Kindern die Chance des Spiels und der Schule zu öffnen.

Allzu leicht
heißt es:
Es ist alles vergeblich.

Allzu billig
wird wieder bemerkt:
Es hilft hier ja doch nichts.

Allzu schnell
kommt die Entschuldigung:
Da kann man nichts machen.

Überaus oft
hat schon
ein Handgriff
geholfen.

Überaus oft
hat ein
rascher Gedanke
gezündet.

Überaus oft
ist es
ein Schritt nur,
der fehlt.

Psalm 60,13b:
Eitel ist Menschenhilfe.
ZÜRICH

Denn Menschenhilfe ist nichtig.
ZÜRICH '96

Denn die Hilfe von Menschen ist nutzlos.
EINHEIT

Befreiertum von Menschen ist Wahn!
BUBER

Dort ist der Ort,
der sofortige
Hilfe gebietet.
Der Engel mag die schnellen
Wege geleiten.

Dort ist die Gegend,
die ausdauernde
Pflege verlangt.
Der Engel mag die guten
Vorsätze stärken.

Dort ist der Tisch,
der beharrlich
Friedensgesprächen dient.
Der Engel mag die gerechte
Verständigung fördern.

Dort ist der Platz,
der heimtückisch
Unrat verstrahlt.
Der Engel mag der verheerenden
Schädigung wehren.

Dort ist das Heim,
das aufmerksam
Waisenkinder ins Spiel bringt.
Der Engel mag seine starken
Flügel über sie halten.

Von früh um sieben
bis abends um neun
haben wir heute
den kleinen Vogel
singen hören,
der »Trauerschnäpper«
heißt, den wir aber
das »Weißbrüstchen«
nennen,
hoch oben
auf dem Wipfel
des Lebensbaumes.
Als jubele er
mit nie ermattender
Stimme
unaufhörlichen
Dank:

Ich bin den Netzen
entronnen.
Ich hebe
meine Schwingen
frei.
Meine Stimme
zeigt ungehindert
meine singende
Gegenwart
an.

Zelt

Psalm 61

Haus der Leichtigkeit

»Laß mich Gast sein in deinem Zelte immerdar.« Eröffne mir Spielraum. Laß mich ausschwingen im mir gewährten Lebensbereich. – Dein Zelt: das ist eine weite Gebärde. Dein Zelt: das ist ein Leichtgespanntes. Dein Zelt: das läßt keine Verwurzelung zu. – Ich gehe zelten. Ich werde unterwegs sein. In Deinem Zelt werde ich unterwegs sein immerdar. Selbst wenn ich meine Gliedmaßen nicht mehr rühren kann, werde ich unterwegs sein in Deinem Zelt.

Gott: erweist Er sich nicht als Meister der Zelte? Ist Er nicht gastfrei. Liebt Er nicht eine Leichtigkeit des Seins, die sich dem Zelt verbunden weiß? Und liebt Er nicht eine Gastlichkeit zumal für die Fremden?

Im Orient sind Häuser oft leichter gebaut, als seien sie festere Zelte. Ein solches leichteres Haus wurde kürzlich mit Bulldozern niedergewalzt. Das geschah von denen, die die Hausbewohner als Fremde bedrängen. Doch Landsleute der Bedränger, gastfreie Landsleute, machten sich auf den Weg und legten Hand an und bauten das Haus wieder auf. Sind sie nicht Vorboten einer weltweiten Baugemeinschaft, die wechselweise Zelte und leichte Häuser je füreinander errichtet? – Vielleicht auch sind eine leichtere Bauart und ein weniger aufwendiger Standard ein Lebensentwurf, der sich rundum förderlich mitteilt.

Der Sabbat ist
der Tag
der Leichtigkeit.
Der Schmetterling ist
das Geschöpf
der Leichtigkeit.
Das Zelt ist
das Haus
der Leichtigkeit.

Unverwurzelt bin ich
mit dem Zelt
unterwegs
und durchmesse
leichtfüßig
die Erde.

Die Erde lächelt
und dreht sich erheitert
ein wenig schneller.
Sie weiß:
Wer zeltet,
hat gern Gäste.
Gern hätte sie über sich
ein einziges
leichtgespanntes
Zelt.

Psalm 61,5a:
Laß mich Gast sein in
deinem Zelte immerdar.
ZÜRICH

In deinem Zelt möchte ich
Gast sein auf ewig.
EINHEIT

Laß mich wohnen in deiner
Hütte ewiglich.
LUTHER

Ich möchte immer in deinem
Tempel bleiben.
GUTE NACHRICHT

Ich will gasten in deinem Zelt
für die Zeiten.
BUBER

Fels

Psalm 62

Bild der Verläßlichkeit

Eben noch das Zelt. Jetzt stehe ich vor dem Fels. Da ist ein Kampf der Bilder. Indem ich in Seinem Zelt lebe, wird Er mir zum Fels. »Nur Er ist mein Fels und meine Hilfe.« – Vielleicht auch wird der zarteste Mensch mir zum Fels. Der poröseste Nächste, der für das Licht durchlässigste, der mir das Bild vom Felsen in seiner unbedingten Verläßlichkeit glaubhaft macht.

Gott ist mein Fels. Obwohl ich beim Denken an Gott nicht zuerst an Felsen denke. Die gewaltige Gründung, gewiß, diese mag felsenhaft sein.Du bist mein Fels. Bis in alle Gründe hinein ist auf dich Verlaß. Ich lebe dadurch, daß ein letzter Verlaß da ist. Der Fels ist es, an dem die Hand haftet. Der Fels ist es, der sich als widerständig erweist. Der Fels ist es, der unerweichbar bleibt.

Und doch geht alles um die Erweichbarkeit. Um die Macht der Wandlung, auf die Verlaß ist. Das Herz aus Fels, aus härtestem Stein, soll werden zum Herzen aus Fleisch, zum Organ der zartesten Wahrnehmung. Der das schafft, ist Gott. Daran ist felsenfest zu glauben. »Nur er ist mein Fels und meine Hilfe.« Die Hilfe erweicht, verwandelt, sprengt den Fels. Oder eben: in ihr erweist sich seine Festigkeit.

Der Fels
in all seiner
Schwere.
Der Fels
in all seiner
Mächtigkeit.
Der Fels
in all seiner
Gewalt.

Aber
der Vogel
wird kommen.
Alle tausend Jahre
kommt
der Vogel.

Der Vogel
wetzt seinen Schnabel
am Fels.
Bis der Fels
in all seiner Massigkeit
abgetragen ist.
Dann beginnt
in all ihrer Leichtigkeit
die Ewigkeit.

Psalm 62,3a:
Nur er ist mein Fels und meine Hilfe.
ZÜRICH

Denn er ist mein Hort, meine Hilfe.
LUTHER

Er ist der Fels und die Burg.
GUTE NACHRICHT

Nur er ist mein Fels, meine Befreiung.
BUBER

Hände

Psalm 63

Von leibhafter Anrufung

Wir lassen unsere Hände zu viel unten. Wir laufen mit hängenden Händen herum. »Ich will meine Hände erheben und dich anrufen.« – Wer die Hände erhebt, richtet sich auf. Er öffnet sich nach oben. Er gleicht einem Gefäß, das sich auftut.

In Kirchenbänken murmeln Betende geduckt. Sie scheinen in sich eingesunken. Sie halten die Hände gefaltet, fast ineinander verspannt. Die Hände zeigen den Seelenzustand – die innere Verfassung – an. Warum verkrampfe ich meine Hände? Der Ruf bleibt mir im Halse stecken.

Die frühen Christen – übrigens auch Menschen anderer Glaubensrichtungen – hoben die Arme hoch. Sie breiteten sie nach oben. Die ganze Gebärde ihres Leibes war eine Anrufung nach oben oder nach vorn. So entspricht die Haltung der Hände der Grundeinstellung des Menschen. – Die frühen Christen wußten: Sie gehen dem Künftigen, der auf sie zukommt, entgegen. Sie breiten die Arme aus, um ihn zu empfangen. In jedem Begegnenden kommt möglicherweise Er. Auch heute ist es möglich, das Vaterunser mit erhobenen Händen zu beten. – Vielleicht sind wir ein Hände hängendes Geschlecht. Vielleicht wirkt das Erheben der Hände befremdlich. Vielleicht sind die Hände uns eine Verlegenheit. – Aber wir haben die Chance, mit hoch und nach vorn gestreckten Händen willkommen zu heißen.

Meine Hände,
eben noch geballt
zur Faust:
werden sie sich
zu Dir erheben?

Meine Lippen,
eben noch gepreßt
vor Wut:
werden sie Dir
Worte finden?

Mein Geist,
eben noch gestürzt
in Zweifel:
wird er nach Dir
sehnlich fragen?

Meine Stirn,
eben noch in Trotz
verbohrt:
wird Dein Licht
sich auf ihr spiegeln?

Mein Leib,
eben noch zerstört
am Boden:
wird er ein offener
Kelch Dir sein?

Psalm 63,5b:
Ich will meine Hände
erheben und dich anrufen.
ZÜRICH

So will ich ... mit deinem
Namen heben meine Hände.
BUBER

Zunge

Psalm 64

Zweischneidige Anwendungen

Sie ist nur ein Muskelklumpen. Aber Menschen gibt es, »die ihre Zunge schärfen wie ein Schwert«. Sie ist nur ein unförmiger Wulst. Aber beweglich ist die Zunge und trifft mit ihrer Spitze wie mit einem Pfeil. Sie ist nur ein stumpfes Organ. Aber sie reißt mit ihren Haken Wunden wie ein Spieß.

Die Schlange züngelt nach vorn mit einer gespaltenen Zunge. Aber die Schlange ist ohne Falsch. Mit falscher Zunge sagen die Menschen der züngelnden Schlange Falschheit nach. Alle Falschheit, deren ein Wesen fähig ist, stecken Menschen in die Schärfe ihrer Zunge. Die Zunge wird zum tückischen Schwert. Im jähen Zorn wird es gezückt.

»Stecke dein Schwert in die Scheide.« Entschärfe deine Zunge. Laß deine Rede nicht verletzend sein. Die Zunge läßt sich bändigen. Die Zunge läßt sich zügeln. Die Zunge ist im Zaum zu halten. Die Zunge aber auch ist es, die das offene Wort riskiert. Die Zunge ist es, die das Schweigen durchbricht. Die Zunge ist es, die freimütig verkündigt. Als Gott den Menschen erschuf, löste er ihm die Zunge. Er gab ihm die Zunge frei. Er vertraute ihm das Wagnis der Zunge an.

Der Mensch
hält
die Zunge
unter Verschluß.
Der Mensch
streckt
dem Menschen
die Zunge heraus.
Der Mensch
beißt sich
vor Spannung
die Zunge ab.
Der Mensch
nutzt
die Zunge
für einen Kuß.
Der Mensch
ist schnell
fertig
mit seiner Zunge.
Der Mensch
leckt
mit seiner Zunge
den Topf aus.
Forme,
o Mensch,
mit deiner Zunge
ein freundliches Wort
oder gar
ein Lob Gottes!

Psalm 64,4a:
Die ihre Zunge schärfen wie ein Schwert.
ZÜRICH

Ihre Zungen sind wie geschliffene Schwerter.
GUTE NACHRICHT

Die wie ein Schwert ihre Zunge wetzen.
BUBER

Überfluß

Psalm 65

Verschwenderische Großmut

Wir werden dürftig. Wir verarmen gar. Aber »Du schaust auf das Land und schenkst ihm Überfluß, du machst es gar reich«. – Wir kümmern dahin. Uns versickert der Saft. Aber Du füllst die Becken auf und läßt die Gewässer überquellen. – Wir ermatten im Gang. Uns vergeht die Lust. Aber Du hast Lust am Sturm und türmst wuchtige Wolken.

Kleinmütig kriechen wir dahin. Wo ist der Antrieb geblieben? Aber Du spannst Horizonte auf und verschwendest vom Morgen bis zum Abend strahlende Farben. – Erbärmlich gebärden wir uns. Wir neigen zum Verzagen. Aber Du zündest Mut in Feuern an und wirfst in die Finsternis Lichter. – Gelangweilt dämmern wir vor uns hin. Der Gedanke kommt uns abhanden. Aber Du sprühst über von Ideenfülle und bietest Tag für Tag einen neuen Entwurf.

Welche Pracht der Entfaltung offenbart sich im gewaltigen All! Welcher Schimmer der Vielfalt durchdringt die winzige Krume! Du schwelgst in der Schöpfung. Unerhört ist ihr Reichtum und schier unerschöpflich.

Wandle
das Dürre
in Überfluß.
Schütte
mit vollen Händen
Segen aus.
Schaffe
den Erstorbenen
Quellen der Gedanken.
Wecke
den Verzagten
Stürme von Mut.
Fülle
die Visionen
mit Farben an.
Laß
die müden Gefühle
von Lust überfließen.
Gib
den Saaten der Erde
reichliche Ernten.
Spare
gewiß nicht
mit Deiner
Zuwendung.

Psalm 65,10a:
Du schaust auf das Land und schenkst ihm Überfluß.
ZÜRICH

Du sorgst für das Land und tränkst es.
EINHEIT

Du suchst das Land heim und wässerst es.
LUTHER

Du ordnest dem Erdreich zu und heißt es strotzen.
BUBER

Erdkreis

Psalm 66

Lobgesang aller Völker

Wendet denn jeder sich vom anderen weg? Gibt es denn nichts Gemeinsames mehr, das die Erde umspannt? »Der ganze Erdkreis bete dich an und lobsinge dir.«

Zum Erdkreis gehören Pygmäen, kleine Menschen in Afrika. Sie beten an mit den Worten: »Khmvoum, o Khmvoum, du bist der Herr, o Schöpfer.« – Zum Erdkreis gehören Buddhisten in China, die betend sprechen: »Ich gebe, Amitabha, dir mich hin!« – Zum Erdkreis gehören Brahmanen in Indien. Sie beginnen ihre Anrufung mit den Worten: »Wir bringen dir Verehrung, dem Dreigestaltigen dar.« – Zum Erdkreis gehören Moslems in Arabien. Sie beten die erste Sure des Koran, die »die Eröffnende« heißt: »Lob sei Gott, dem Herrn der Welten, dem Barmherzigen.« – Zum Erdkreis gehören Juden in Israel und in der Diaspora. Sie sammeln sich und tun sich auf in den Worten: »Höre, Israel, der Herr unser Gott ist ein einziger Gott! Und du sollst den Herrn, deinen Gott, lieben von ganzem Herzen, von ganzer Seele, von allem Vermögen.« – Und zum Erkreis gehören Christen in Europa wie im Osten, Westen und Süden. Sie beten mit den Worten Jesu: »Unser Vater, geheiligt werde dein Name, dein Reich komme.«

»Der ganze Erdkreis bete dich an und lobsinge dir.« Und: »Mein Haus soll ein Bethaus heißen allen Völkern.« Und: Rund um die Erde gibt es eine Gemeinschaft der Anrufungen in vielen Stimmen.

Ich begehe
den Erdkreis
in Kreisen.
Als ob
ich bete,
gehe ich.
Als ob
ich lobsinge,
schwingt mein Fuß.
Als ob
ich eine heilige
Handlung begehe,
ergreife ich
Stein um
Stein
und lege mit ihnen
den Kreis des Lebens
aus.
Anhand meiner Steine
schwinge ich
ein
in den schweigenden
Gesang
des kreisenden Daseins.

Psalm 66,4a:
Der ganze Erdkreis bete dich
an und lobsinge dir.
ZÜRICH

Alle Welt bete dich an
und singe dein Lob.
EINHEIT

Alles Erdreich, dir werfen
sie sich hin, harfen dir.
BUBER

Segen

Psalm 67

Lebensstrom der Bejahung

»Gott sei uns gnädig und segne uns.« Daß ein Wohlwollen über den Menschen liegt. Daß ein Strom von Bejahung unseren Gang umspült. – Daß die Erde durchatmet in gewaltiger Gelassenheit. Daß eine lichte Energie uns durchdringt. Daß die Geschaffenen teilhaben am Humusgrund des Daseins. – Daß wir aufschauen, und eine Leichtigkeit überglänzt das Gesicht. Daß die Gunst des Tages sich träufelt in die Poren der Haut. Daß wir die Gabe der Nahrung empfangen in der Schale unserer Hände.

Daß der fragende Geist an Erfahrungen reift. Daß wir Früchte der Stunden, der Tage, der Jahre eines Lebens pflücken. Daß dem Brunnen der Frische das Wasser quillt. – Daß ein Geäder des Danks unser Tagwerk durchzieht. Daß auch die Brache sich gütig zeigt. Daß wir gewiß sind, heute erschaffen zu sein.

Daß selbst das Ende sich voller Anfang erweist. Daß die Schöpfung Raum um Raum sich öffnet. Daß die Elemente im Spiel ihrer Kräfte vom Beginn her sehr gut sind. – Daß wir den Kreis des Jahres und den Kreis der Erde mit allen Sinnen durchleben. Daß um uns Pflanzen gedeihen und den Bäumen die Blätter atmen. Daß wir freundlich umgehen untereinander und mit den Mitkreaturen.

In Zeiten
des Argwohns:
Segne uns
mit Vertrauen.

In Zeiten
der Verzagtheit:
Segne uns
mit Mut.

In Zeiten
des Irrwahns:
Segne uns
mit Vernunft.

In Zeiten
der Hektik:
Segne uns
mit Gelassenheit.

Und segne uns
mit der Gewißheit,
selbst
in Zeiten des Fluchs
dennoch
gesegnet zu sein.

Psalm 67,2a:
Gott sei uns gnädig und
segne uns.
ZÜRICH – EINHEIT –
LUTHER

Gott wende uns deine Liebe
zu und segne uns.
GUTE NACHRICHT

Gott leihe uns Gunst,
segne uns.
BUBER

Triefen

Psalm 68

Elementare Befreiungen

Werden Menschen befreit, dann hat das ein Echo in allen Elementen. Wird Gott als Befreier erlebt, dann sind die Naturphänomene offenbar mitbetroffen. »Ja, die Himmel troffen vor Gott.« – Das Wort »triefen« scheint weithin versickert oder befremdlich geworden zu sein. Es ist ein sehr kräftiges Wort und umschreibt einen nachhaltigen Ausfluß, ein starkes Niedergießen. – Schweißtriefend stand er vor mir. Das Wachs troff herunter vom Kerzenlicht. Etwas verausgabt sich und schüttet sich aus.

Die Israeliten hatten eine gewaltige Befreiungserfahrung. Befreit wurden sie aus dem »Hause der Knechtschaft« in Ägypten. Und dies geschah mit Gott im Bunde, ja Gott war der eigentliche Initiator und Beweger des Ganzen. Die Wasser stauten sich auf, und die verfolgten Flüchtlinge zogen ins Freie. Dieses Ereignis feiern glaubende Juden am Passahfest, als geschehe es ihnen bis auf den heutigen Tag.

Zum Passah der Christen wurde das Osterfest. Befreiung wird erfahren – den Menschen zugute, ja für die ganze Natur – im Auferstehen Christi: Auch hier sind die Elemente, ist der aufbrechende Himmel an der Freude beteiligt. Das Adventslied singt davon ganz unmittelbar. »O Heiland, reiß die Himmel auf, herab, herab vom Himmel lauf.« Die befreiende Segensfülle trieft geradezu herab vom Himmel.

Wenn die Seele
austrocknet
und der Geist
versickert.
Wenn die Phantasie
brachliegt
und der Wille
absackt.
Wenn eine Ödnis
in mir wächst
und der Sinn
sich verwüstet.
Dann ersehne ich
triefende
Himmel.
Dann verlangt es mich
nach überbordenden
Wasserströmen.
Dann flehe ich
um einen feinen
Teppich aus Tau.
Dann erfaßt mich
der Gedanke an eine
aufkeimende Oase.
Oder auch nur an einen
hervorquellenden Tropfen
gnädiger Nässe.

Psalm 68,9b:
Ja, die Himmel troffen vor Gott.
ZÜRICH – LUTHER

Da ergossen sich die Himmel vor Gott.
EINHEIT

Auch die Himmel troffen angesichts Gottes.
BUBER

Harren

Psalm 69

Starkes Warten nach vorn

Hoffen ist stark. Aber Harren ist stärker, und näher scheint es am Verzweifeln zu sein. »Meine Augen verzehren sich im Harren auf meinen Gott.« Als kralle sich das Harren am Hoffnungsgut fest. Als könne es sich seiner versichern. Und wenn das Erharrte ausbleibt?

Das Harren verstärkt das Hoffen und macht es zum beherrschenden Grundgefühl. Die Augen verzehren sich in der Ausschau. Die Därme verätzen sich in innerer Unruhe. Die Ohren verspannen sich ins scharfe Horchen. Ist es ein Horchen auf Gott? – Doch der erharrte Gott läßt sich nicht herbeizwingen. Er kommt möglicherweise ganz anders. Das Harren muß sich ins Offene verwandeln lassen.

Einmal empfangene Bilder des Harrens bewahren lebenslange Eindringlichkeit. Im Film »Wenn die Kraniche ziehn« spielt Tatjana Samoilewa die junge Russin, die nach Kriegsende des ihr Vertrauten harrt. Die Reihen der Heimkehrer geht, läuft, stürmt sie entlang und sieht jedem einzelnen ins Gesicht. Aber der Bräutigam ist nicht unter ihnen. Er ist gefallen. Und während er stürzt, scheint sich die Birke über ihm in Spiralen zu drehen. Dieses Bild bleibt unauslöschlich. Die Augen der Braut verzehren sich im Harren. – Das Harren hat Kraft, als sei es auf Gott gewendet. Ein Mensch, der das Harren nicht in sich hat, verliert seine Lebensspannung. Wir sind Harrende, das ist wahr.

Bin ich ein Narr,
wenn ich
harre?
Bin ich ein Tor,
wenn ich
hoffe?
Bin ich verrückt,
wenn ich mich
hochschwinge
auf das rote Roß,
das steil zum Himmel
stürmt?

Es rüttelt
an den Stäben
meines
Gefängnisses.
Also harre ich,
daß sich
das Tor
öffne.

Als ich Gefangener war
und lange
geharrt hatte,
wurde mir schwindlig
beim ersten Schritt
in die Freiheit.

Psalm 69,4b:
Meine Augen verzehren sich
im Harren auf meinen Gott.
ZÜRICH

Mir versagen die Augen,
während ich warte auf
meinen Gott.
EINHEIT

Das Gesicht vergeht mir, daß
ich so lange muß harren auf
meinen Gott.
LUTHER

Meine Augen zehren sich auf,
wie ich harre auf meinen
Gott.
BUBER

Suchen

Psalm 70

Vom Finden im Suchen

Und was ist mein Leben und vielleicht deines auch? Eine einzige Suchbewegung. »Es werden noch frohlokken und deiner sich freuen alle, die dich suchen.« »Doch du würdest mich nicht suchen, wenn du mich nicht gefunden hättest.« So läßt einer, für den das Suchen nach Gott die Mitte des Lebens war – Augustinus –, den Gesuchten zum Suchenden sprechen. Vielleicht also ist die schon geschehene heimliche Findung die eigentliche Kraft der Suche. Vielleicht auch ist dem Suchenden die Suche unaufgebbar. Suchen zu können – wie anders bliebe ich in Bewegung. Aber eben: Es scheint, als sei dieses Suchen schon vom Finden geleitet. Und dieses Finden will das Suchen keineswegs aus sich entlassen.

Dem Suchenden geht ein Licht voraus wie dem Bergmann, der die Lampe an seiner Stirn trägt. Die Suche hat ihre Erleuchtungsgrade. Die Suche wird vorangetrieben von einem geschwellten Segel erwartender Freude. – Auch hat das Suchen seine Gezeiten, seine Ebbe und seine Flut. Mal drifte ich ab. Mal ergreift mich ein Wirbel oder eine Schnelle, ein Fall oder ein Katarakt. Was mich durchflutet, ist mit mir auf der Suche. Suchen und Finden sind in Bewegung.

Eine Nachricht dringt durch den Äther: Die Suche wurde nunmehr eingestellt. Aber die Suche nach dem Grund allen Suchens – wie auch die Suche von ihm her – bleibt uneinstellbar. Sie weiß sich in einer ihr eigenen Weise schon mit dem Finden verbunden.

Wenn ich
suche,
finde ich
nicht.
Wenn ich
nicht
suche,
finde ich.
Also werde ich
nicht suchend
suchen,
um
locker
zu finden.

Wer sich in sein Leben
verspannt,
wird es verlieren.
Wer sein Leben
losläßt,
dem spielt es sich
zu.

Und der Born
der Freude
quillt
ungezwungen.

Psalm 70,5a:
Es werden noch frohlocken
und deiner sich freuen alle,
die dich suchen.
ZÜRICH

Sich freuen und fröhlich
müssen sein an dir, die nach
dir fragen.
LUTHER

Entzücken sollen sich, sich
freuen an dir alle, die nach
dir trachten.
BUBER

Lesen
möchte ich
können.
In die Schrift
will ich
mich versenken.
Den Buchstaben
werde ich
erkunden
bis auf den Grund,
wo er anfängt
und singt.

Frauen sind
lesefreudiger,
heißt es.
Lange enthielt
man ihnen
die Freude des Lesens vor.
Jetzt holen sie nach.

Wer will das Mädchen
am Lesen hindern?
Kundig wird es
der Schrift,
auch der heiligen.
Hellen Gesichts
vernimmt es
das Geschriebene.
Lesend hört es
die Melodie.

**Anstatt
des Stahlhelms:
ein Blütenflor.
Anstatt
der Uniform:
farbige Vielfalt.
Anstatt
der Monotonie:
ein polyphoner
Chor.**

**Wie kommt der Mann
von der Härte
herunter?
Woraus schöpft er
die Kraft
zur Behutsamkeit?
Woher nimmt er
den Mut,
sanft zu sein?**

**Ihm wächst
eine kühne
Blüte
zum Kinn.
Aus zartem
Trotz.**

Alter

Psalm 71

Unbefangen anerkannt

Gib Acht, wenn du alt wirst. Denn manche, die auf dich Acht hatten, lassen dich fallen. Es ist auf sie kein Verlaß. »Verwirf mich nicht in den Tagen des Alters; wenn meine Kraft schwindet, verlaß mich nicht.« Der Mensch im Alter aber ist nicht nur der Mensch, dem die Kraft schwindet. Er ist auch der Mensch – er kann es sein –, dem Kraft zuwächst. Nur ist das eine andere Kraft. Der Mensch im Alter hat, wenn er es wahrnimmt, sein eigenes Königreich.

Ist denn der alte Mensch der Verlassene oder der Ausgestoßene der Gesellschaft? Muß er es sein? Jedenfalls ist er der Mensch mit den Runzeln, mit dem graueren Haar, mit dem durchgeprägten Gesicht jenseits des Glanzpapiers. Als ich ins Alter kam, zogen Menschen, die vorher schöne Worte über das Alter fanden, die Hand von mir weg. Äußerst pünktlich geschah das. Als hätte ich ausgedient. Als sei ich abgewrackt. Als ich ins Alter kam, bändelten Menschen, die die Zahl der Jahre unbefangen übersahen, mit mir an. Ganz neu geschah das. Sie behandelten mich, als sei ich ihnen dem Geiste nach unübersehbar jung. Allem Schwinden der Kräfte zum Trotz kann erst das Alter die Zeit der vollen Entfaltung sein.

»Verwirf mich nicht in den Tagen des Alters.« Sei mir verläßlich. Stärke das geschwundene Vertrauen in die Kräfte des Alters. Laß uns eigene Wege gehen, auch solche, die wir nicht zu erhoffen wagten.

»Alter
ist Anfang«,
hat
ein Alter
gesagt, der
die alten
Psalmen
neu
übersetzt hat.
Morgen
werde ich
einen Tag
älter sein.
Aber morgen
fange ich an
und lebe
den neuen
Tag.
Indem ich
von Tag
zu Tag
wandere,
wandere ich
von Anfang
zu Anfang.

Psalm 71,9a:
Verwirf mich nicht in denTagen des Alters.
ZÜRICH

Vewirf mich nicht, wenn ich alt bin.
EINHEIT

Jetzt, wo ich alt geworden bin, vertreibe mich nicht aus deiner Nähe.
GUTE NACHRICHT

Schleudere nimmer fort mich zur Zeit des Alters.
BUBER

Berg

Psalm 72

Aufschau zum Gipfel der Freiheit

Der Berg erhebt sich über die Erde. Der Berg stößt vor in den Himmel. Auf dem Gipfel der Berge wird Freiheit vermutet. Mose holt das Gebot von hoch oben. Als habe er es auf dem Sinai empfangen. Der Berg gibt den Geboten einen Hauch der freien Würde mit. Vom Berg her hat Jesus zum Volk gesprochen, nicht aus der Senke. Gewaltig sprach er zu ihnen wie ein Bergsturz. Die Bergpredigt leuchtet befreiend in die menschlichen Niederungen hinein.

»Die Berge mögen dem Volke Heil tragen und die Hügel Gerechtigkeit.« Es ist eine Landschaft der lichten Hügel, die Jesus für seine Heilungen wählte, für seine Reden, für seine Gebete. Der Berg und der See im oberen Galiläa haben sich geschwisterlich zur hellsten Landschaft der Erde zusammengetan.

Das Haupt des Berges raucht vor Einsamkeit. Die Flanken des Berges zittern vor Ergriffenheit. Die Füße des Berges stampfen vor Mächtigkeit. – Der Berg bleibt stumm. Und doch wirkt er wie ein Kanzel. Der Berg scheint unzugänglich. Und doch lockt und droht er zugleich. Der Berg schreckt und macht fürchten. Und doch trägt er möglicherweise Heil. – Wer vom Berg Heil erwartet, gewinnt Abstand von seinem Tal. Er scheut das Steile nicht. Er hat Lust, entgegenzuklimmen.

Ihr Berge,
die ihr die Niederungen
der Menschen weit überragt,
sendet den Friedensarmen
Kräfte des reicheren
Friedens herab:
Der Himalaja
den Asiaten,
zumal den Chinesen
und Tibetern.
Der Kilimandscharo
den Afrikanern,
zumal den Hutu
und Tutsi.
Der Hermon
im Nahen Osten
zumal den Syrern
und Israelis.
Der Brocken sogar
im Harz
zwischen den beiderlei
Deutschland.
Und der Berg
der Bergpredigt
nahe dem See
Genezareth:
Er spricht unentwegt
selig alle,
die Frieden stiften.

Psalm 72,3:
Die Berge mögen dem Volke
Heil bringen und die Hügel
Gerechtigkeit.
ZÜRICH

Frieden tragen dann die
Berge dem Volk zu, die Hügel
in Wahrhaftigkeit.
BUBER

Nähe

Psalm 73

Vom köstlichen Gewinn

Was ist Religion? Religion ist der Gewinn von Nähe. Nähe – Zuwendung – erwärmt den Menschen. »Mir aber ist es köstlich, Gott nahe zu sein.« Woran leiden Kinder? Viele von ihnen leiden am Mangel an Nähe. Sie entbehren den ihnen nahen Menschen, an den sie sich anschmiegen können. Kinder ohne elterliche Nähe sind Waisen. Wen oder was vermissen Erwachsene? Viele vermissen den Nächsten oder das ihnen Nahekommende. Ihre Regungen sind oft eine unwillkürliche Suche nach Nähe – auch im Abstand, ja auch in der Abweisung. Und was entbehren alternde Menschen? Manche schaffen es, sich selber nahe zu sein im Gespräch mit dem, was sie im Leben empfingen. Viele fühlen sich isoliert. Die Aufgabe wächst, einander köstliche Nähe darzubringen.

Mir geht das Schicksal dieses Menschen nahe – manchmal erst, wenn er gestorben ist. Sie haben lange verhandelt und sind sich um keinen Schritt näher gekommen. Über Jahrhunderte hatten sie das Trennende betont. Jetzt fanden sie endlich zum Gemeinsamen.

Auch wenn sie sich nahe schienen, blieben sie sich fern. Es war wie eine Glaswand zwischen ihnen. Selbst in allernächster Nähe stellte die Nähe sich nicht ein. Wo aber Nähe gelingt, ist Gott nicht fern. Leben wir in einer Zeit der verweigerten oder verlorenen Nähe? Jeder Tag geht uns auf, um in ihm Nähe zu gewinnen.

Über die Nähe
können wir nicht
gebieten.
»Alles habe ich
versucht«,
sagte er mir
am Telefon,
»aber der Freund
der früheren
Jahre ist mir
ferngerückt.
Wir haben uns
nichts mehr
zu sagen.«
Wenn wir uns
doch etwas
sagen könnten!
Oder wenn wir
schweigend
nebeneinander
gehen – in einem
Einklang
der Herzen.
Denn köstlich
ist es,
Nähe zu spüren
und füreinander
offen zu sein.

Psalm 73,28a:
Mir aber ist es köstlich, Gott nahe zu sein.
ZÜRICH

Ich aber – Gott nahe zu sein ist mein Glück.
EINHEIT

Aber das ist meine Freude, daß ich mich zu Gott halte.
LUTHER

Ich aber, Gott nahn ist mir das Gute.
BUBER

Trümmer

Psalm 74

Von der Energie des neuen Aufbaus

Der Gottesbau liegt in Trümmern. Die Glocken sind zerschmolzen oder zu Boden gestürzt. »Erhebe deine Schritte zu den uralten Trümmern.«

Nummeriere die Trümmer und füge sie Stein an Stein. Grabe und maure den Grundriß heraus. Und der Tempel, der Dom, die Kirche: Sie werden herrlicher erstehen als je zuvor. So sagen die einen. Die anderen sagen: Laß Trümmer Trümmer sein. Als Mahnmale halten sie das Andenken wach. Aber das Baugeld gebt für die Armen. Diese sind viele Tempel wert. Doch manche Arme fangen ihrerseits an zu bauen. Es grenzt an ein Wunder. Aus dem Nichts erschaffen sie ihre Andachtsstätte. Ohne diese wollen sie keinesfalls sein. – Inmitten von Moskau wurde in der Sowjetzeit die Christus-Erlöser-Kirche von den Gottlosen gesprengt. Ihrem Idol wollten sie Platz verschaffen. Als das Idol niederbrach, begann das Fragen nach dem anderen Anfang. Eine Handvoll Glaubende faßte waghalsig den Plan: Wir erbauen das Haus unseres Glaubens vor aller Augen neu. Bald war der Rohbau vor den Staunenden aufgerichtet. – Ähnliches geschah in Coventry und Dresden – gar mit Hilfe derer, die die Kirchen zerbombten.

Der Glaube braucht den machtvollen Bau, sagen die einen. Der Glaube darf auf die Macht solchen Baus nicht vertrauen, sagen die anderen. In jedem Fall erheben sich die Trümmer zu neuem Leben.

Wir stehen
vor den Trümmern
dieses Jahrhunderts.
Uns ist
der Dom
nicht gelungen.
Gelangen wir je
weiter als bis zum
Fragment?
Das Fragment
hat die scharfen Kanten
des Unvollendeten.
Das Fragment
ist uns
sehr gemäß.
Nicht Trümmer
der Zerstörung
wollen wir hinterlassen,
sondern Fragmente
unserer endlichen
Existenz.
So war das Leben
im günstigen Ansatz
gedacht.
An seinen Rändern
kann dennoch
das Bruchstück
glänzen.

Psalm 74,3a:
Erhebe deine Schritte zu den uralten Trümmern.
ZÜRICH

Hebe auf deine Schritte zu dem, was so lange wüst liegt.
LUTHER

Komm und sieh dir die trostlosenTrümmer an.
GUTE NACHRICHT

Hebe deine Tritte zu den Verheerungen, die dauern.
BUBER

Rasen

Psalm 75

Die Kunst des langsamen Ganges

Vor einem Plakat bin ich stehen geblieben. Es zeigt einen gehetzten Menschen, dessen Umriß sich verwischt. Schemenhaft bewegt er sich voran. Er hastet und rast – bis ins Grab. »Ich spreche zu den Rasenden: Raset nicht!«

Der Taxifahrer, der mich spätabends nach Hause fährt, klagt über die Hektik des hiesigen Lebens. »Alle sind hektisch – nach Geld.« »Sofort führe ich heim in mein eigenes Land, wäre ich dort nicht gefährdet.« Ich spreche zu dem, der ständig der Hektik verfällt: Steig aus aus der Hektik, dem Tanz der Rasenden heute. Ich spreche zum Hechelnden, der kein Verweilen mehr kennt: Lerne das Wörtchen »langsam«, entdecke den Wert der Langsamkeit. Ist die Geschwindigkeit denn ein Lebenswert, der höchste womöglich? Ist denn das Leben eine einzige rasende Reportage? Liegt denn das Heil in der ununterbrochenen Beschleunigung? Ich spreche zu dem, den der Wahn gepackt hat, schneller und schneller voranzukommen und der darüber hinter sich selbst zurückfällt: Entschleunige schleunigst!

Und was ist das Andere – die Alternative zum Rasen? Bedächtig und aufmerksam des Weges gehen. Ab und zu innehalten. Das Leben wahrnehmen. Und dabei gelassen und beteiligt sein.

Die Zeit rast.
Rasende Menschen
machen
die rasende Zeit
noch rasender.
Sind unsere Städte
Stätten der Raserei?
Aber die Kinder
spielen.
Wer immer spielt,
wird niemals rasen.
Die Zeit hält inne
und staunt.
Ihr habt den Tag
des Spielens vergessen.
Am Tag des Spielens
– am Sabbat – werdet ihr
niemals rasen.
Am Sabbat werdet ihr
zu euch kommen
und zu Dem sprechen,
Der mit im Spiele ist:
Lehre uns bedenken,
daß wir nicht rasen
müssen,
damit wir spielen
können.
Denn unser Leben ist
das große Spiel.

Psalm 75,5a:
Ich spreche zu den Rasenden: Raset nicht!
ZÜRICH

Ich spreche zu den Prahlern: Laßt euer Prahlen.
ZÜRICH '96

Ich sage zu den Stolzen: Seid nicht so vermessen.
EINHEIT

Ich sprach zu den Ruhmredigen: Rühmt euch nicht so.
LUTHER

**Keine Frucht
liebe ich
so
wie die Olive.**

**Sie gewinnt
auch
dem kärglichsten Boden
Reife ab.**

**Sie gedeiht,
wo die Bibel
gedieh:
im Nahen Osten.**

**Am See Genezareth
traf ich
den »Herrn der Oliven«,
einen Benediktiner.**

**Kundig
hat er gepflanzt
und gehegt
und dann auch geerntet.**

**Jetzt,
da er alt ist,
hat er sich
für eine Weile
niedergelegt
und bedenkt
die Früchte des Lebens.**